# 為了幸福我選擇不結婚

：

## 不婚女子相談室

하고 싶으면 하는 거지 : 비혼


김애순 金愛順

이진송 李珍松

陳丰宜 譯

前言

# 我偏離「正軌」了嗎？

李珍松

從我二十歲開始就一直陪伴我在首爾生活的姊姊於不久前結婚了。我在真心恭喜她之餘，也同時感到安心。是啊，我感到安心，往後姊姊就是個有老公的人了。也許這麼想有點古怪，但看著幸福的他們，我的腦海裡竟浮現出自己曾在新村市中心被醉漢毆打的過去。看著想息事寧人的刑警、警局裡蒼白的燈光，以及醉漢父親苦苦哀求我的模樣時，我的腦海中就只有這麼一個想法：真希望有個人能陪在那個深夜在警局停車場焦急等著我的姊姊身旁，最好還能是個可靠的男性。是啊，找個「老公」。

這個念頭不僅讓我相當混亂，也感到羞愧不已，因為當時我早就下定決心不要結婚，也發行了《單身季刊：不戀愛的自由》（계간홀로: 연애하지 않을 자유）這本獨立刊物，《單身季刊》是一本希望讀者能以批判視角看待戀愛及結婚話題的

雜誌，但是那樣子的我卻希望姊姊能受到「老公的保護」。

期待別人的友善看待確實有點自私及不合理。對於選擇不婚的我，並不害怕那些嘲笑或看扁我的偏見及嘮叨。對於那些每次提到我不結婚就說著「唉呦，這種孩子反而會最早嫁人」的長輩們，反正早在我特別將他們的名字標上紅線時，我對這一切就已經感到麻木了。然而，在某個清晨突然閃現的那股情感卻讓我心痛不已，我是因為喜歡姊姊才會那麼想，明知道那跟我的價值觀完全背道而馳，我卻還是希望她能找個人結婚，並因此感到安心。同理可證，就算我再怎麼高喊自己有多幸福，那些愛著我的人肯定也會出於善意而勸誘我結婚。這是因為那些人在擔心我的同時，卻也恣意地認為這是我的人生缺了些什麼而導致的失誤。

我是個「偏離正軌」的女人，那是因為我們打從國中時期就受到這種教育，為了符合社會期待而制定了一套所謂符合「正常發展路線」的「生涯週期性義務」。大家在成年後就該選個職業，挑個配偶，接著再結婚生子成為父母。然而，每當還沒成人的我偏離正軌時，就總是會聽到某處冒出「您已脫離導航路線」這個熟悉的聲音。而它會以各種方式出現，有可能是來自他人的干預，指責你是「自私的新時代」的媒體，或是那些會激發你感到自責的關愛眼光。在這之中，讓我最有感的是心裡湧現出的不安及懷疑，要是我真的走錯路怎麼辦？倘若我真的因為「少不更事」而判斷錯誤的話該如何是好？

每當這種時候，我的腦海裡就會浮現出某張臉孔。在我的雜誌於二〇一三年一月創刊當時，我在某本雜誌的封面上，第一次看到了某位七字頭的不婚女性，而我一眼就認出那張即便身處在針對不婚女性的無數傳言中，也毫不偏頗的那張臉龐，她正是我打從好久以前就很想見到的金愛順老師。

叮鈴！

其實一開始在我腦中響起的提示音並非「脫離導航路線」，而是「您已進入更適合自己的路線」。我們的社會在描述不婚女性的生活或故事時，要不是刻意刪減，不然就是加以扭曲，接著還會不斷響起「您已脫離導航路線」的警告音。然而，這是不對的。無論是選擇不結婚或將婚事無限延期都不代表偏離正軌，這不過是我們在安排自己人生的過程中，試圖想探索出更好的方向而踏上的旅程。這不僅是新的路線，也是不同的路線。

搞不好這本書中並沒有那些決定不婚的人所期待的內容。每次我前去進行對談的路上，偶爾會笑個不停，但也會有淚流不止的時候；有些時候會因而獲得勇氣，但也會碰到身陷絕望之際。當你回首一看，就會發現這些都是必然的結果，因為並沒有哪個人的人生更優越或「正常」，而人生也並非以結婚作為自由及束縛，抑或是幸福與否的區分標準。我們不能隨意吹捧或貶低他人的人生，所以我們盡可能地不直接給予提示或設下規定，要不然這場對談可能就會受限於我們的意圖。因此，無論是試圖想歸類這本書，或是想對其下定義，這些都是無意義的舉動。我希望這本書會是個讓人感到開心的里程碑，可以成為某人乍然一現的力量；我希望能透過這本書，讓自己躍然紙上與某人來個扎實的擊掌；我希望這本書能成為桌邊閒聊，能成為讓某人潸然淚下的欣然問候，或是化身為輕撫著你鬱悶心窩的那雙溫暖之手……

面對那些因自以為的善意害我感到痛苦的人，我想拿這本書給他們閱讀。就像我們嘴上說著「我真的沒事」，並不代表是真的沒事一樣，人生亦是如此。不可能有人能永遠處於沒事的狀態，但是當自己的權利只因為不婚這個原因而遭到剝奪時，那就真的無法坐視不管了。因此，與其擔心我得一個人坐在警察局那種地方而勸我結婚，倒不如一起打造出不會發生那種事情的世界，讓我們的國家可以變得更為安全、更加平等。

# 目次

## 第二部・以不婚的身分活下去—65

**第三部・就算不結婚也沒關係—133**

此書訪問內容由李珍松整理並撰寫成文。

序言

# 不婚人士的榜樣，金愛順

金愛順才剛滿八個月就誕生在這個世界上，她是六個兄弟姊妹中的老么，以那個年代來說，滿八個月就呱呱落地的早產女嬰跟現在的情況可說是天差地遠。當時不只醫學技術不夠發達，也沒有非得救活女孩不可的理由。愛順小時候就被媽媽用襁褓背巾揹著一塊去田裡幹活，鄰里看著伯母拎著竹簍的背影，都不禁竊竊私語地談論著孩子是不是早就沒命了。但是金愛順並沒有死，最終仍順利吸吮著媽媽的母奶長大，但因為伯父風流成性的緣故，成天以淚洗面的伯母將孩子早產的事情全都怪罪在自己身上。

也許是深知媽媽的這種心情，這孩子打從出生的那刻起就相當乖巧可愛，因此伯母才會選用可愛的愛及乖巧的順替她取名為「愛順」。在日帝强占時期從事公務員一職的爸爸則幫她取了「吉子」這個日式風格的名字，並以此名幫她報了戶口。但金愛順並不喜歡這個名字，平常都還是使用「愛順」。在讀大學之前，金愛順一直都有兩個姓名，直到她大學畢業成為公務員後，才親自申請改名，最終仍舊是自己選擇了名字。因此我們才能遇見金愛順，而非金吉子。

國中二年級時，金愛順在學校操場臨時搭建的銀幕前第一次觀賞默片，那是一部名為《檢察官與女老師》（검사와 여선생）的作品，一位律師為了解救蒙冤站上法庭的女老師，那人決定挺身而出為其進行辯論的模樣深深烙印在她的腦海裡，當時才芳齡十五的金愛順就這麼下定決心要為這個社會及弱勢族群服務，而她也是打從那時開始決定不要結婚。金愛順認為，與某個男人結識交往，進而生兒育女組成家庭的事情並不適合自己。雖然這是她的判斷，但當時卻沒有任何人察覺到這原來是個遠大的抱負（！）呢。身處在那個大部分女學生未來都只想當個「賢妻良母」的年代，金愛順果然也只能默默地將自己的決心藏在內心深處。

由於在家中是無須承擔撫養家人義務的小女兒，再加上她深獲媽媽信任，金愛順才有辦法在高中畢業後順利進入大城市讀大學。在她度過大學時期的一九六〇年代，前前後後發生過四一九革命及五一六軍事政變等事件，可說是動盪不安，沒有一天是平靜的。她在身上背著催淚彈，臉上掛滿鼻水，一路踉蹌地從鐘路移動至位於新村的租屋處。一察覺到什麼風吹草動，發現警方追趕過來的時候，只能隨便披上一件冬用外套，趕快離開租屋處逃命去。一九六一年五一六軍事政變爆發當天，她在學生聯盟辦公室遭到逮捕，接著吃了三個月的牢飯。這一切都是源於她爸爸在六二五韓戰慘遭共產黨屠殺，甚至被冠上北韓共產黨幹部的罪名所致。在那時還真不曉得有多少像金愛順一樣背負汙名而入獄的人。直至八一五光復節特赦獲釋前，所有人的探視申請都遭到駁回。金愛順記得，當時最讓她感到困擾的就是每個月都會準時報到的生理期。

當時是個女學生在大學畢業後，會理所當然地進入相親市場、接受媒妁之言安排的年代。女性在一九六〇年時的平均初婚年齡是二十一．六歲，到了一九六六年則上升至二十二．八歲。但金愛順卻在比這更晚的二十四歲時，首次投入職場。她那時候的工作是在行政機關首當其衝的位置處理社會福利業務，需要四處奔走、親自拜訪那些生活上需要保護的對象。從孤兒、老人到性交易被害女性，以及受到虐待的女性及兒童等等，都再再讓她確切地感受到在這個世界上遭受冷落跟飽受折磨的人實在不計其數。當她抱著遭到棄養的孩子搭乘大眾交通時，周遭人的視線都忍不住落在她身上，那些把金愛順當成「未婚媽媽」的人的視線可以說是讓人如坐針氈。

雖然那時的她不過才二十出頭，但以那個年代的標準來說，金愛順已逢適婚年齡，甚至有點超齡了。她在外縣市行政機關服務的期間，貼身進行採訪的新聞記者將她形容為「帶刺的玫瑰」，並大言不慚地表示「將其折下才有意思」。有趣的是，當時追求金愛順的人都是像那位記者一樣的外部人士，跟她共事的人反而都對她沒有意思。女性的條件得稍微比男性「遜色」才能獲得高分是結婚市場亙古不變的法則，在那個年代，沒有鄉下人願意接受擁有大學文憑的金愛順作為自己的老婆或媳婦。再加上她還坐過牢，無論到哪都得接受警察局情報科刑警的視察。或許金愛順的不婚，國家也多多少少推了一把吧！而一身清白、行事光明磊落的她也博得了警方的好感，最終都只是以形式化的模式對她進行監視。

到了二十五歲之後，金愛順無論到哪都受到大家熱烈的關注。直到二〇〇二年，女性的平均初婚年齡才超過二十七歲，因此，身處於一九六〇年代後半的金愛順到了那個年紀不僅還沒結婚，甚至還一直在工作，其他人會作何感想呢？對於那些如井底之蛙的人來說，金愛順就是名符其實的「怪女人」，但她卻順利地在世人的漫天想像及猜測、忠告與疑問之中默默地堅持至今。而她選擇的策略就是比任何人都更努力工作，而且要做得更好。金愛順得赤裸對抗的差別待遇跟偏見可謂層出不窮，世人總是抱持著「反正女人只要結婚，人生就差不多能功成身退」的想法，還有那些對於女性勞動力的無視，以及認為不婚人士之所以沒能結婚，肯定是哪裡有瑕疵等先入為主的偏見。

爾後，金愛順結束了外縣市的公務員生活，回到首爾，在雜誌社當了兩年記者，接著搖身一變成了國會議員秘書官。但在一九七二年朴正熙（박정희）總統宣佈維新戒嚴令後，第八屆國會毫無預警遭到解散。連同議員在內，所有人在

一夕之間陷入了失業困境。直到一九七九年，首爾迎來春天，就在大家以為長達十八年以來的獨裁體制終於要畫下休止符之際，新政府為了順利掌權，再次強制解散了第十屆國會。在金愛順擔任祕書官期間，國會竟然就解散了兩次之多，原本為了幫助社會上的弱勢，夢想成為政治人物的金愛順，就這麼遭遇到了挫折。

但她並沒有被打倒，仍舊不屈不撓地堅守在職場戰線上。雖然金愛順覺得為了公益付出是她最重要的使命，但為了解決生計問題，她也曾在觀光公司及出版社工作過。只不過就像樹大招風這句話一樣，這段過程並不順遂。她在出版社工作時，曾向《東亞日報》（동아일보）投稿了一首批判軍政府獨裁的詩作，接著公司馬上就受到外部壓力，到頭來金愛順只能遞上辭呈。據說她離開的那天，大家幫她舉辦的送別會是該公司史上最隆重的一次。

金愛順是個無法容忍自己尊嚴跟自尊心遭到抹黑的人，雖然她因此換過好幾次工作，也常聽到別人說她特立獨行，但她那令人自豪的高貴品格卻成功守護了她。另一方面，當然也因為她是當時少見的高學歷人士，這讓她很有自信能立

刻找到下份工作，因此才有辦法這麼做。後來在她擔任女性有權者聯盟幹事的期間，向咸錫憲（함석헌）創刊的《種子之聲》（씨알의 소리）投稿了一篇名為〈間歇性的悲傷〉（간접적인 슬픔）的文章。但在接受完政府機關的視察後，她卻毅然決然地決定離開公司，她並不是擔心站在一線的自己，而是不希望為了公益付出的組織會因她一人受到傷害，這是她最害怕的事情。

金愛順認為人生最重要的價值就是為弱勢族群付出，她將這股使命感視作與自尊心同等的存在。她一輩子費盡心思，就只為了維持住那份因兒時看過的電影而堅定的決心。成為上班族的她在熟悉行政業務後，為了公共利益進入非營利團體服務，並提供弱勢群體各種幫助。她在護士助理協會工作時，為了改善護士助理領不到夜間加班費的情況（當時的名稱是護士輔助員），她協助好幾家綜合醫院幫忙落實夜間加班津貼的給付。當她在障礙人士總聯合會服務時，針對首爾市內的所有地下鐵站進行調查，確認是否有設置黃色導盲磚的必要，並進一步推動實施。不僅如此，她還將障礙人士福利制度整理製作成冊，發放給位於一線的行政機關及障礙人士團體，希望能藉此促進相關福利業務的落實，讓障礙人士獲得實質上的受惠。另外，她受聘於韓國婦人會時，也推動了免費法律諮商、補償消費者的損失、生活用品回收再利用，以及幫忙家庭主婦安排工作等服務。特別要提到的是，生活用品回收再利用是個委託民間業者、預算高達三十三億韓元的項目，而金愛順為此奔走於全國各地，在業務指導實施及現況監督這些部分出了不少力。

到了一九八〇年代，金愛順認為不婚是她自我認同中很重要的一環，並以此心態開始活動。當時比起「不婚」這個用法，大部分是以「單身」或「獨身」這類的用詞為主。她跟其他六名單身的朋友聚在一起，在自家的祖墳山上放了一個貨櫃屋作為別墅，每逢週末就在那裡消磨時間。這個聚會持續了十幾年之久，後來金愛順便以此段經驗為基礎，在一九九〇年十二月時創建了規模廣布全國的第一個獨身團體「韓國女性同心會」（以下簡稱為同心會），同時也身兼第一任會長的職位。起初會員人數大約只有一百多名，但是三個月後一口氣增加至四百名。由於同心會是第一個由單身人士組成的團體，因此引發了媒體相當大的興趣。但只要記者一打算拍照，會員們就忙著轉身閃躲或拔腿就跑。畢竟在那個時代，選擇不婚這種生活方式仍被視為是一種瑕疵或恥辱。

之後在同心會舉辦的某次團體旅行時，金愛順開玩笑地表示自己前天剛去相親，結果在場的所有人立即上演了一齣《處決叛徒》（배신자를 처단하자）的話劇，最後甚至還大合唱了起來。在演唱〈叛徒〉（배신자）這首曲目時，十幾人同時舉起了手作勢開槍，搞得金愛順急忙哼起「這是謊話啊~我是在說謊」做出回應，逗得大家捧腹大笑。金愛順表示這段往事就像是昨天才剛發生，直至今日都還栩栩如生。

她在二〇一五年出版了第三本散文集《單身者們的天堂》（싱글들의 파라다이스）後，不僅新聞、電視節目、雜誌等媒體採訪紛紛找上門，也不時有人冷嘲熱諷地表示她是不是準備要成為「不婚國家代表」。但除了金愛順之外，其實也還有很多人嚮往著不婚生活，而她不過是忠實於自我而已，結果這個世界卻一副大驚小

怪的樣子，好像是第一次見到不婚女性一樣。不過，對於年輕人來說，能在聊天群組裡跟這種大姐頭或教母等級的人對話，確實是個連想都沒想過的有趣經驗。如今無論是誰說要來段黃昏戀再結婚，大家也都會開著彼此玩笑，揶揄地表示應該很難找到對象吧。

現在，金愛順已經從職場上功成身退並過著悠閒自在的日子。雖說悠閒，但其實每天仍舊過得很忙碌，每天一早醒來先跑去拿起躺在玄關前的早報，彷彿開心迎接戀人的到來般。她會花近一小時的時間看報紙，接著再做一個半小時的瑜珈。為了健康著想的她，這項日程已經持之以恆了二十七年之久。光是準備早餐再等到吃完，一個早上就這麼稍縱即逝，對自己負起責任這件事，可是比想像中還要更費工夫呢！

中午過後，金愛順會開始翻閱書籍，這樣一來，白天一下子就過了，而社福人員則會趁她在閱讀的期間找上門。但也因為她很清楚社工的工作環境有多惡劣，因此看到對方如此體貼待人的態度，反倒感到十分心疼。雖然已經是很久以前的事，但金愛順剛踏入社會所從事的工作就是處理社福相關事務的公務員。回想起過去的她抓著社福人員的手，溫暖地開始侃侃而談了起來，同時也會跟對方分享起生活上的點點滴滴。

金愛順每週都會去一趟高陽兒童博物館的「小森林」當志工，她表示這不僅是她最近最重大的義務，也是無上的幸福。只要看到小朋友們的模樣，就會自然而然地泛起笑意。能跟孩子見面這件事是她老年生活中最有價值的事情，也是最大的樂趣。雖然有很多人都願意為了別人犧牲自己，但已屆需要接受別人照顧之齡的她，即便身體不舒服也仍堅持進行志工服務，這是因為她想藉此對這社會表示感激之情。而金愛順最大的願望之一就是在健康允許的情況下繼續陪伴孩子，立志為了弱勢民眾奉獻的金愛順，她那遠大的抱負正透過日常實踐仍一步步地在實現之中。

最近金愛順的新樂趣是觀看YouTube，她一天會看好幾次跟政治或社會問題有關的影片，看著看著就都以此主題為主要觀看類型。看完報紙跟電視新聞報導後，覺得還不夠完整的部分，就會去YouTube上搜尋，以獲取更為具體的資訊，而這也不知不覺成了她的習慣。金愛順覺得藉由智慧型手機所接觸到的另一個世界實在是非常有趣，而她去年在社群媒體上傳的影片獲得大眾熱烈迴響這件事，至今仍讓她感到神奇不已。

即便這個世界已經有了很大變化，但讓人煩悶不已的部分也還是維持著老樣子。隨心所欲地照著自己意思過日子的金愛順並不認為自己有什麼特別。不婚這個選擇也許特別，但其實也沒那麼特立獨行，她希望這也能成為一種自然而然、理所當然的生活方式。

# 第一部

她們的難言之隱——並不只是我們倆有這苦衷

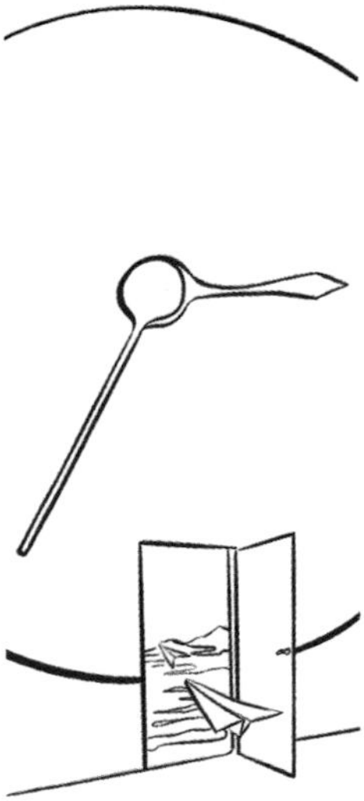

## ・不婚的可能性

**人生就是不斷做出讓自己更加幸福的選擇，**
**而我為了擁有更好的生活，**
**為了守護我的幸福所做出的選擇就是不結婚。**

**珍松** 我到現在都還清楚記得自己曾在地下鐵報架上看到老師登上《我們》（나들）那本雜誌封面的事。當時老師的照片以單色調呈現，封面上的紅色背景用白色寫了「我乃不婚主義者」幾個大字。在韓民族出版社所發行的《我們》中，老師的故事雖然只從二〇一三年一月的三號刊連載至二〇一四年七月，但這本雜誌對很多不婚主義者所留下的印象就是金愛順。您既非歷史人物，也不

是宗教人士，甚至是「自願」選擇不結婚的七字頭不婚女性，我的身邊竟然有這麼一個如此有血有肉的人物，這真的可以說是出現在我人生中的第一件大事。我原本只是茫然地下定決心選擇不婚，但從那時候開始，我不僅開始積極地進行調查，也著手制定了新的人生計畫。

**愛順** 當時看到封面上我的臉那麼大一個，再加上不婚兩個大字，真的是嚇了一大跳。不過你不會覺得自己這樣太快了嗎？不論是宣告或決定不婚這件事，我都覺得好像有點為之過早呢。

**珍松** 在老師眼裡，我是不是有點像個「不婚實習生」啊？

**愛順** 因為往後的人生會如何發展還很難說。就算咬牙下定決心，想法也有可能在一夕之間有所改變，抑或是「喔……喔？」一路半信半疑地就這麼過完一輩子。更何況對外喊話表示自己不結婚，之後又步入婚姻的也大有人在。

**珍松** 那您是沒有另外下定決心，而是自然而然地過著不婚生活嗎？

**愛順** 不，我當然有。只不過我覺得你目前還太年輕。

**珍松** 那請問老師是什麼時候決定不婚的呢？

**愛順** 大概國中時期？

**珍松** 這麼說來您比我還更早就做出決定耶？幾乎算是不婚界的英才了吧？

**愛順** 我國中時期曾看過《檢察官與女老師》這部電影，片中律師進行辯論的橋段讓我深有感觸。當時的我心想往後也得幫助別人才行，因而決定以律師作為我的未來志向。在我那個年代，除了極少數的特例外，大部分的人只要一結婚就得放棄原本的工作，因此我才會認為無論如何都得先從我人生中去掉婚姻這個選項才行。我最想做的事情又不是結婚，要是婚後還得放棄一切的話，這到底算什麼啊？根本就是虧本生意。

**珍松** 因為對當時的大部分女性而言，結婚就像是「鐵飯碗」。想讓教育機會、專職工作及結婚生活並行簡直是難上加難……在那個年代，若不結婚就很難在社會中生存，但一步入婚姻又得跟之前的人生一刀兩斷，就像是開上單行道被後面的車叭個不停，只能被迫前進一樣。

**愛順** 那年代只要一結婚就沒戲唱了，雖然現在時代已經進步很多，但像這樣打著不婚的名號出書仍舊很特立獨行。再說，成天有人打電話來邀我上節目這種事對我仍是相當陌生呢。

**珍松** 一九八五年曾有個在上班途中被計程車撞倒，導致無法繼續工作的女性對計程車司機提出告訴的事件。若以上班族的退休年齡五十五歲進行計算的話，該女性理應獲賠三千三百五十萬韓元才對，但法院卻表示我國女性的平均結婚年齡是二十六歲，因此這年紀之後的人生都該視為在從事家務勞動。不僅如此，當時甚至不是以該女性的薪水下去計算進行理賠，而是以都市女性的平均薪資作為基準。不是啊，二十六歲之後從事的家務勞動又沒有支薪，而且不收薪水做家事的女性那麼多，結果卻把她們計入平均薪資的計算標本中，甚至拿來當作上班族女性的薪資。認為女性在二十六歲以後就理應從事家務勞動，這也等同於婚後得成為全職主婦的意思。不過您在那個未來展望如此單一的時期，卻擔任過公務員、國會議員輔佐官、雜誌社及出版社員工，再加上社會團體實務負責人等身分，並一路堅持不懈地工作，獨自生活至今呢。能擁有這種生活應該是多虧您當時算是相當少數的大學畢業生吧？

**愛順** 確實如此。要是經濟無法獨立，哪敢妄想不婚呢？現在畢竟有更多年輕人說著「不一定非得結婚不可」這種話，因此大家也可以更容易下定決心。但以實踐的層面看來，第一個重點是經濟能力，第二個重點還是經濟能力。

**珍松** 在自己的決心跟落實之間果然還是存在著相當現實的問題呢。我認為，如果經濟獨立跟薪資結構及福利制度問題有關，那麼下定決心這件事就是個人心智控管的問題。

**愛順** 心智控管是什麼意思？

**珍松** 意志力的意思。比方說在決定不婚後所產生的不安及擔憂，或是對於「不結婚真的沒關係嗎？」的憂慮，算是一種盡可能不讓自己陷入這些情緒所做出的努力？

**愛順** 想要完全消除那些憂慮並不是件容易的事。即便如此，人生就是不斷做出讓自己更加幸福的選擇，而我為了擁有更好的生活，為了守護我的幸福所做出的選擇就是不結婚。但這麼做的風險就是伴隨而來的不安，因此有必要讓自己的意志力，也就是所謂的心智變得更堅強。

**珍松** 到頭來，個人的不安跟社會結構也息息相關。縱使您認為可以藉由個人能力將「結婚至上主義」這個問題處理好，但我卻是這麼想的：雖然個人堅決的意志也很重要，但我希望大家能在不算特別、不夠堅強，甚至也不是菁英女性的情況下，就算不婚也能過得很好。

**愛順** 老實說沒有什麼好害怕的，不婚的人生簡直再好不過了。

**珍松** 這種話請您務必要多說幾次啊……嗚嗚……

## ・與金愛順「一起」堅持下去的心情

**我覺得對不婚主義者來說，**
**光是自己的存在就能成為彼此的力量。**

**珍松** 從一九九〇年代開始出現了希望能以「不婚」取代「未婚」這種說法的女性團體運動，以我個人來說，我覺得尚未的「未」其實隱含著一種自己總有一天會步入婚姻的意思。因此我認為應該要用不要的「不」來代替「未」比較合適，不曉得老師第一次聽到「不婚」這個詞時有什麼想法？

**愛順** 一開始覺得有點不自在，畢竟這是一個徹頭徹尾的新造詞。近五十年來，別人都用「未婚」、「獨身」、「單身」這種說法來形容我，你想想，在這種情況下，當我在《我。們》二〇一三年一月號看到自己跟「不婚」那兩個斗大的字一塊出現在封面時，該有多驚嚇啊？

**珍松** 但那對我來說可是命運般的剎那呢。

**愛順** 唉呦，我那時簡直毫無頭緒可言，當時我跟領養的女兒一起去了iCOOP生協消費合作社，卻看到《韓民族日報》出版社貼著印著我的臉的海報。聽說那時全國上下一共有一百二十個地方貼了那張海報，我的長相大概就是從那時開始變得廣為人知。

**珍松** 最近大家會稱呼老師這種知名人士為「名人」，您簡直就是不婚界的頭號名人，我想應該沒有不認識老師的不婚人士。

**愛順** 我不曉得啊，什麼名人不名人的。（笑）

**珍松** 就連我們在進行訪問的過程中，也不斷有記者或是製作人試圖想聯絡上您，身為不婚人士的榜樣，您有感受到什麼壓力或責任感嗎？

**愛順** 壓力確實很大。我大概在十年前曾因為幫侄子擔保導致財產全數遭到扣押，當時我真的想過要放棄性命一了百了，畢竟連我的養老金也賠上了。

**珍松** 唉呦喂呀。

**愛順** 但當時我已經接受過好幾家媒體的訪問，也因為四處露臉而被全國大眾所熟知。因此要是我就此尋死的話，新聞豈不是會鬧得很大嗎？而這正好是人們跟記者最愛的話題，我怕這樣一來會導致大家出現「人要是不婚就會像她一樣死得那麼悽慘」的想法，因此日復一日地努力堅持下去。

**珍松** 這段故事真讓人痛心，您真的就只是憑藉著身為榜樣的責任感撐過來的呢。

**愛順** 當時我的雙親都已經過世，就算我死了也不會傷害到任何人，但以社會上的角度來看就不是這麼回事。世人對不婚人士的視線原本就不甚友善，要是有點知名度的人選擇了這種死法，光想到其他不婚人士會因而受挫這一點，就讓我無法隨心所欲地求死。

**珍松** 謝謝您撐過來了，老師。

**愛順** 其實我今年的身體狀況相當不好，跟你進行對談的這段期間，我不僅動過手術，也去了好幾趟醫院。每當內心因身體不適而變得脆弱的時候，我就會下定決心告訴自己：「不可以，我得恢復健康才行，我要健康地抬頭挺胸活下去。」要是連我也跌跌撞撞的話，怕會害其他不婚人士因而感到失望不已。

**珍松** 雖然「不婚代表」這個身分肯定會帶來不少壓力，但肯定也有正面的部分。不僅讓我認識了您，甚至還有韓國日報的記者願意幫我們出書，老師在Facebook的採訪片段，大家的反應應該很熱烈吧？

**愛順** 「原來一個人也能那麼過日子啊」，很多人表示他們藉此獲得了勇氣，所以我也覺得心情很好。

**珍松** 這麼聽下來，我覺得對不婚主義者來說，光是自己的存在就能成為彼此的力量呢——為了不婚人士著想的您，以及那些因您而獲得勇氣的不婚人士。

## ・所謂的「命中無夫」

**畢竟算命仙是憑藉自己的價值觀跟見識進行解讀，總不能因此導致對方出現預料之外的後果吧。**

**珍松** 我們國家的人很常提到八字呢，但我卻認為這個詞的概念似乎更愛套用在女性身上，比方說命中剋夫或是註定能碰到好老公這種形容。我有時候甚至會不禁懷疑八字這個概念是不是為了在有限人生之中，給予大家一些適切慰藉或合理化的陰謀（？）。

**愛順** 那你沒有算過命嗎？

**珍松** 有單純為了好玩算過幾次。舉凡掌紋、塔羅、八字、神占、面相等等……最好笑的是大家都不約而同地說我沒辦法遇上好對象。

**愛順** 我年輕時曾經跟姊姊去算過兩次。以前從外縣市搬回首爾的時候，實在是太好奇自己的前途發展，所以第一次嘗試了算命。當時算命仙看著我說：「你這八字啊，一輩子都跟醫院脫不了關係。」我當下心想「這個人是騙子呢」，後來也沒有繼續把那番話放在心上。但我倒是有特別注意健康管理，所以直至目前，跟別人相較之下，我算是身體狀況比較好的。真不曉得該說是託了那個人的福，還是該把這當作是證明他招搖撞騙的證據才好？

**珍松** 根據自身現況及所處位置的不同，有時可能會認為算命的說詞沒錯，但也有可能會兜不上。在那當下或許會覺得對方所言甚是，但在之後又會驚覺其實並不是這麼回事。算命仙幫您算命時沒有提過老公這方面的事嗎？

**愛順** 曾經有人說過我會遭逢婚姻失敗，建議我就算想走入婚姻也應該要晚婚才行，但倒是沒有人提過我會不會有老公這件事。

**珍松** 這部分好像也適度反映出了時代的不同，因為您那個年代的人對不結婚這件事感到陌生，會不會是因為顧慮到這番說詞可能會被對方視為不幸的根源，才避免用「沒有」這種直接的表示呢？畢竟算命仙是憑藉自己的價值觀跟見識進行解讀，總不能因此導致對方出現預料之外的後果吧。有些時候明明故事脈絡一樣，內容卻會因算命對象的性別而出現歧異不是嗎？比方說男性的八字裡若命帶「官祿」，整體而言就是好事一樁；反之，若女性命帶「官祿」，就可能被視為對老公帶來不利的影響，搞不好還會鬧到離婚。以老師的情況而言，也許就會聽到「因為外務太多跟官運導致離婚，是會對結婚帶來負面影響的八字」這種說詞呢。

**愛順** 沒錯。確實有算命仙說過我命帶官祿。我第一份工作是公務員，後來也當過國會議員的輔佐官。曾有人質疑過女人為何需要官運，認為女人只需要有結婚或子女的命就夠了。大家之所以會將官運與離婚扯上關係，大概是覺得女性要是太有出息就會造成婚姻生活的動盪吧。

**珍松** 那算命仙有對您提過子女這部分的命盤嗎？

**愛順** 沒有耶。

**珍松** 看來您是像犀牛角一樣獨自遊蕩的命呢。

**愛順** 那算命仙有提到你命中有無子女嗎？

**珍松** 我不記得了。

**愛順** 看來你一點都不好奇呢。

**珍松** 露出馬腳了嗎？

## ・和「我」好好相處

### 難道婚後就能立刻感受到穩定跟變得成熟嗎？

**珍松** 二十幾歲的時候，大家都過著大同小異的生活，要不工作，不然就是念書。老師您應該也有感受到才對，人一進入三字頭後，這個世界似乎就會劃分成「結婚的人」、「考慮結婚的人」以及「決定不結婚」的人，大家的經驗跟生活方式突然變得大相逕庭。

**愛順** 婚後不只要做的家事會增加，生兒育女後的生活模式也會變得以育兒為主，所以只能往不同的方向發展啊，特別是對女性而言。

**珍松** 以老師的情況來說，相對之下會擁有更多閒暇時間。這樣一來，那些空檔就能用在自己身上了不是嗎？在某些人高喊著孤單的那些時候，我很好奇您是怎麼度過的？

**愛順** 在進入四字頭前，我所有時間都奉獻給職場生活了，天天忙於工作。因為沒有結婚的關係，加班業務幾乎都落在我的身上，等到四、五十歲後，就很常找那些沒結婚的朋友一起去旅行或爬山。

**珍松** 您似乎是擔心他人會對不婚女性產生偏見而努力接下更多工作的樣子，但我卻認為把事情丟給不婚人士這件事是不恰當的，到頭來我們只能更努力地工作，這簡直就是這社會的偏見。對於已婚女性在勞動市場中所遭受到的不當待遇，大家不去想辦法解決根本的問題點，反倒是只憑藉個人熱情作為評斷基準。我並不是在指責老師的做法有誤，而是想表示往後需要樹立一個勞動標準。

**愛順** 即便如此，但這麼做倒是也能讓自己成為公司不可或缺的存在。

**珍松** 這種心情……大家都再清楚不過了呢。

**愛順** 結果只有公司賺到，畢竟我那年代也沒有加班費可言。

**珍松** 最近有個詞叫作「工生平衡」，意即在工作及生活中取得平衡，也可以進而衍生用來表示「擁有晚上時光的人生」，這個新造詞反映出現代人其實在追求一種不會過勞、得以兼顧生活品質的現象。我想請問老師下班後，晚上那段時間都是怎麼度過的呢？

**愛順** 我很喜歡閱讀，所以晚上回家後主要都是在看書，要不然就是去見朋友打發時間。畢竟我沒有經歷過那種婚後生活上的劇烈變化，因此在時間運用或制定計畫這部分應該比較具一致性，同時也比較穩定。啊，隨著年紀增長，花在健康管理上的時間變多了，我進入五字頭後，每天早上都一定要運動。在那之前，我原本對健康狀況不太在意，但到了四十幾歲就覺得應該要開始用心管理，不然因為體力下滑的關係，等到下班回家後真的會累到馬上昏倒。因此我都會逼自己擠出時間運動，進入五字頭後不僅去學了瑜珈，也定期會去爬山。

**珍松** 老師把時間都拿來投資在自己身上了呢。那些想申請研究所的女學生，若去找教授幫忙寫推薦信，都會被問說是否有結婚的打算，這就代表結婚對女學生來說確實影響很大，因為這樣一來就很難確保自己能有充分的念書時間。但之前對方在聽到我表示從沒被問過這種問題時還嚇了一大跳，接著表示「看來你的朋友們一看到你就知道你不會結婚了呢」。

**愛順** 這跟公司裡「經歷斷層」的狀況差不多。

**珍松** 沒錯。相較之下，大家反倒普遍認為男性在婚後能交出更好的研究成果。我在不久前閱讀了一篇因研究大猩猩而全球知名的動物行動學博士珍古德所寫的文章，她表示她在生完孩子後就遭到學術界冷落，到頭來只能選擇中斷手邊的研究。之前也有個雙薪家庭的媽媽曾在社群媒體上發文表示，自己因為沒有充足時間陪伴孩子，只好一大早起床陪玩，殊不知話一說出口就遭到眾人詬病。

**愛順** 竟然一大早就起床陪孩子玩，我早上都是在看報紙、做飯、打掃，等處理完這些事情後就去上班。光是搞定我自己一個人就很不容易了，倘若不夠勤奮，跳過早餐不吃也是常有之事。雖然現在有很多很方便的輕食，但在一九八〇年代前可沒有那麼進步。

**珍松** 在即食米飯或調理包還沒問世前，光是吃飯整理就能花上一整天的時間，就像tvN推出的「一日三餐」那樣。聽老師這麼一說，我突然想到有些婚前明明就嫌煩懶得做飯吃的男人，在婚後卻成天吵著要另一半幫忙準備早餐。

**愛順** 那些嚇唬別人說不結婚就會孤獨終老的人，會不會是平時都沒在做家事啊？

**珍松** 就是說啊，光是照顧自己，二十四小時就已經不夠用了，根本沒時間感到孤獨。

**愛順** 我在退休後有變得比較閒暇，所以我會趁空去參加一些照顧孩子的慈善活動，現在也是每個星期都會去報到，這不僅成了我最近覺得最有價值的事情，也感到非常幸福。

**珍松** 畢竟老師長時間以來都是過著不婚生活，我想請問您在回顧過去這段日子時，是否會覺得哪種生活方式更好？有沒有什麼消磨時間的好方法能跟不婚人士分享？

**愛順** 雖然我自己過著這種生活，但並不希望你們也跟著這麼做。畢竟每個人的情況跟興趣都不一樣啊，要是覺得別人的生活方式更好而心生羨慕的話，那只會讓自己的自尊心受損，怎麼比都比不完，所以還是專注於自己的生活就好。啊，但我想提醒大家健康真的很重要，請務必要撥空進行管理。

**珍松** 您剛有提到自己有持續跟朋友相約，那些已婚的朋友應該很難約吧？

**愛順** 那些人二、三十歲時忙著養育孩子，到了五十幾歲又得照顧孫子孫女，真的非常忙碌，所以我主要都是跟沒有結婚或是離婚的朋友見面。

**珍松** 要跟那些人見一面果然很不容易呢，政府應該要成立一些能幫忙大家育兒的基礎設施才對。但因為配套措施不夠完善之故，導致育兒的責任落到了個人身上，特別是女性又更需要背負這個重擔。以各種角度而言，我總覺得結婚會徹底顛覆一個女性的生活，即便這個社會試圖想以穩定跟成熟來對婚姻這件事進行包裝，但我再也不想上當受騙了。

**愛順** 不只有肉體上的疲累，精神上也會受到不少壓力，這些部分很難用數值進行衡量。人生原本就已經充滿各種不確定性，在隨時都處於如履薄冰的情況下，結婚到底算什麼啊……難道婚後就能立刻感受到穩定跟變得成熟嗎？不管是結婚或不婚，都會面臨到不同的人生危機及重量。無論結婚與否，每個個體都實在是太不一樣了。

## ・名為「母愛」的情感

**結婚跟生產、育兒並不是綑綁在一起的概念。**

**珍松** 之前老師跟我一起接受《韓國日報》（한국일보）訪問的時候，陪同前來的那一位是您的養女對吧？當時您說她是您的弟子對嗎？

**愛順** 她並不是我的養女，而是我在某個聚會上認識的人。因為她都叫我「媽媽」，所以其他人才會誤以為她是我的養女。不過我確實有個養女，她目前人在水原，已經結婚，也生了個女兒，平時都在忙著參與社會運動，日常生活碰到辛苦的情況時就會通個電話。她之前曾經在美國待了五年，當時我們每天都會互傳電子郵件，現在她回來韓國後，我們反而很難見上一面，彼此都太忙了。

**珍松** 一般人通常都會認為沒有結婚就等同膝下無子女，其實結婚跟生產、育兒並不是綑綁在一起的概念，但這個社會卻老是把這些事混為一談，彷彿得這麼做才符合所謂的「正常」，應該也有不少人對於您有養女一事感到神奇吧？

**愛順** 所以我以前幾乎不會向外人提起這件事，就怕遭到誤會，畢竟世人對沒結婚卻有子女的女性的視線並不友善。連我都這樣了，那些真的獨自撫養子女的人又該如何是好呢？

**珍松** 請問您跟養女是怎麼結識的呢？

**愛順** 我在九〇年代後期曾擔任過某個團體的事務總長，當時那孩子是會長秘書。或許是因為她從高中時期就跟親生母親分隔兩地而感到很孤單吧，後來她問我是否能稱呼我為媽媽，我當場就表示沒問題。過了幾天之後，我跟她去了某個地方，那時她在車上突然叫了我一聲「媽」，雖然確實是我允許她這麼叫的，但親耳聽到後還是大吃一驚。

**珍松** 中年之後的女性確實很容易被別人這麼稱呼，像您這種情況也算是相當特別的經驗。

**愛順** 是啊，其實我一開始也曾想過自己這麼做是不是太厚臉皮，我既沒有經歷過分娩的痛苦，也沒有負責養育她，這樣的我真的能成為所謂的媽媽嗎？但後來經過實際相處後，彼此都有了感情。她不只討人喜歡，也很可愛，不管做什麼都惹人疼愛，那是我這輩子第一次體會到「掌上明珠」這個字的意思，也真的把她當成了女兒，無論什麼都想為她做。

**珍松** 不是有人這麼說嗎？人得經歷過結婚生子才能明白為人父母的心情，也才得以成為真正的大人，但我卻覺得您感受到的情感也是母愛的其中一種型態。若母愛是一種只限於實際生養孩子的母親才能體會到的崇高情感，那這樣不會將母性這個概念太過神化了嗎？老師在這段關係中所感受到的親密感及滿足，並不是非得透過結婚制度或血緣關係才能擁有，而您已經親自體驗過了呢。

**愛順** 我當時真的是全心全意地為了女兒而付出，有些人也會因為我沒結婚就認為我很冷淡無情，其實我是個情感很豐沛的人啊。

**珍松** 這算是大家對不婚的代表偏見之一吧，要不是覺得我們個性自私，不然就是只知道顧及自己，缺乏感情。「愛」這個概念似乎只侷限於戀愛跟結婚這兩件事，好像只有在異性之間才存在著既豐富又多采多姿的愛。至於不婚人士只能被視為擠不進結婚市場的人，一副個性有問題的樣子。

**愛順** 大家不該指責不婚人士的做法太過無情自私，反倒是該揚棄所謂的家族利己主義才是，這樣應該會更有成效。

**珍松** 就是說啊，聽完老師的分享後，我覺得大多數人對家庭跟母愛的概念都太狹隘了。最近有部改編自日劇《MOTHER》的作品，內容是在描述某個女人救了一個受虐女童並與其組建家庭的故事，近期上映的電影《救贖》（미쓰백）也是這類的劇情。我認為社會大眾對於家庭組成方式的認知得做出改變才行，輿論媒體成天拿著低出生率的問題對不婚人士窮追猛打，但政府卻對那些婚姻制度下的非婚生子女抱持著放任態度。

**愛順** 我也是這麼想的。雖然我跟養女在法律上並不是一家人，彼此只有情感上的交流，但往後肯定會碰到需要證明法律關係的情況。配偶也是經由自己選擇才成為一家人，希望其他型態的關係也能受到制度保護，讓大家能按照自身的想法去建立一段關係。

## ・大人是什麼呢？

**牙科診所的人員表示「由於治療費用相當高昂，請先回去跟父母商量過後再來吧」，看來人一結婚就會突然被當成大人對待呢。**

**珍松** 偶爾會碰到因為沒有結婚而被視為不懂事或不夠成熟的情況，因此不婚人士很常被當成青少年或小孩子一樣對待。

**愛順** 「連個伴也沒有，沒生過孩子的你懂什麼啊？」大概是這種方式對吧？我也是不勝其擾。

**珍松** 不久前在我發行的《單身季刊》第十三期中刊登了〈大家說我是大人

呢〉（사람들이 나보고 어른이래）這麼一篇文章，內容提到在婚前一直都是自己繳稅，獨自過日子的筆者，就連去看牙醫，診所的人還會跟她說因為治療費用相當可觀，請她先回去跟父母商量看看，感覺一結婚後，就好像突然被當成大人一樣。有趣的是，她老公原本隸屬於教會的青年部，一結婚後就被轉到了一般部。這種情況實在是相當值得玩味，沒結婚的就是青年部，結婚之後就是一般部，竟然會出現這種象徵性的差別。

**愛順** 「喂，你懂什麼啊？你又還沒成年，大人講話你少插嘴。」親戚朋友不也都會講這種玩笑話嗎？

**珍松** 其實獨自生活也得承擔因鬥爭、矛盾、選擇等情況所造就的責任及壓力，但大家卻以沒有經歷過結婚這種理由把這些看得雲淡風輕。

**愛順** 但我認為不需要太把這種事情放在心上，我通常只會回答：「是啊，反正我就是不懂，聊點別的吧。」

**珍松** 我其實也不太會因此受到傷害，只是純粹覺得這種態度或說話方式需要好好觀察一番再加以記錄，畢竟總不能因為對方不會受傷或不在意就認為這不是語言暴力。比起這個，我反倒更在意大家對於女性勞動的看法。這個社會總認為一家之主就是代表男性，女性經常被描述成只是在一旁幫忙的附屬品，您之前在公司上班時，沒有因為不婚的緣故遭遇過什麼不當待遇嗎？或是曾在僱傭過程中因為沒有家庭為由而被扣分之類的？

**愛順** 怎麼可能沒有？只不過我不會把那些事放在心上，所以已經記不太清楚了，不管有沒有獲得他人認同，我只想按照自己的方式過日子。

**珍松** 照這麼看來，老師好像不覺得這類的認同問題很重要呢。

**愛順** 我主要都是為了職場上的工作在進行抗爭，雖然我也曾經很在意他人對我的看法，但面對那些硬要在我身上貼上未婚或已婚標籤，並要求我加以配合，或是不懂得尊重多樣性的人，我認為沒有跟他們爭吵的必要。

## ．一九八八年生的李珍松是不會栽在婚姻手上的

### 不婚＝臨時狀態？

我曾在國外機場遇見一個韓國家庭，當時外國空服員以為我們是一行人，請我幫忙一些事，而這也成為我跟那家人搭起話的契機。一個帶著兩名女孩、約三、四十歲的女人在男人取車的期間跟我聊了起來，她一邊稱呼我為「小姐」，一邊說著很羨慕我不僅有時間，甚至還那麼年輕。雖然她的態度相當親切有禮貌，但我卻能感受到她把我當成年紀很小的人看待，那是一種「長輩」對待晚輩特有的從容及語氣。

綜合我們的對話內容來看，我們大概也才差個兩、三歲吧，要是我判斷有誤

的話，她搞不好甚至比我還年輕。但就因為我沒有結婚，因為我是個被稱作「小姐」的不婚女性，我的輩分就這麼自然而然地被定了下來。在我們分道揚鑣前，她對我這麼說道……

「趁一個人時多去旅行吧，我因為沒能在婚前多出外走走而感到很可惜呢。」

那是一句認為還是個「小姐」的我總有一天會因為結婚而變成不再是「一個人」的假設，但畢竟我跟她只是一面之緣，所以我當下只是給了個官腔反應，選擇輕鬆地一笑置之，並在笑著轉身之際覺得這番話真是令人咋舌。

我這輩子可是打算都要一個人過日子喔。

## 為了不結婚的自由

我隨時隨地都坦蕩蕩地對外表明自己不婚主義者的立場，大家聽到我這麼說通常會有「果然」或「很難說」這兩種反應。前者認為我這種「強勢」的女性會做出這種決定並不意外，後者則會以一種小心翼翼的姿態詢問我是否在成長過程中碰過什麼陰影或傷痛，才會導致對結婚這件事如此忌諱。這些人期待我會淚流不止地講述著自己不幸的童年故事，想要邊安撫邊灌輸我結婚生活有多幸福的念頭，因為大部分的人都認為我是可以「改變」的。

噔噔，你們通通答錯了。真要說起來，我反而像剛出爐的麵包，是在非常溫暖的家庭裡長大，所以我才更心知肚明。我很清楚安定的結婚生活跟所謂的理想家庭會對女性造成多大的「折磨」，然而這個社會卻將這種驚人壯舉視為理所當然的「標準」，未能達到標準的人就會遭到他人貶低與興師問罪，而我從小就被灌輸這種觀念，不知不覺認為得以別人「母親」跟「妻子」的身分接受社會大眾的評斷。一直到二十幾歲開始過上自炊生活後，我才明白家事活並不容易應付。單照顧我自己一個人都那麼辛苦了，要是超過兩人以上呢？光是想像就感到一陣背脊發涼。即便我在兒時曾描繪過身穿白紗的新娘，卻從未畫過她身旁的那個男人，到頭來因為畫不出男性而放棄漫畫家夢想的我，決定揮手拒絕這一切。

啊，結婚還是算了吧。

我這少了婚姻的人生，也許會被別人認為是失敗或是未完成的作品，而我搞不好哪天也會對此感到後悔，但每晚蓋著被子躺在床上不斷被「我當初就該那麼做才對」的想法所包圍的狀態才是所謂的人生吧？就像是當下眼前正浮現著昨天沒能買下的特價品一般。

我並不是因為不婚比較完美，或是比已婚更具優越感才做出這種決定。我甚至至也沒有信心以後不會對此感到後悔，我只是純粹認為自己更適合這種生活，覺得這是我想要的樣貌，而這足以讓我心甘情願地承擔可能會產生的各種不便。我決定不要結婚，這並不特別，也不奇怪。就像大家擁有結婚的自由一般，我也只是圖一個「不要結婚的自由」罷了。

## ・不結婚也可以嗎？

我不結婚的這個決定經常被他人視為不成熟的象徵，他們認為我並不是真的想一個人過一輩子。要是能遇到「還不錯的男人」，搞不好就會改變心意。我總是成為他人說服及籠絡的對象，大家認為我是因為「年紀還小」、「還不懂」、「還沒有充分愛過」、「尚未遇見真愛」等原因才會如此。這種想法跟社會大眾認為「女性要是不結婚生子就等同於自私不懂事」的觀點可說是一脈相承。起初或許會表示可以理解，但到頭來那些老派人士還是會忍不住埋怨，並把錯都怪在選擇不婚的我身上。在他人的視線之中，沒有結婚念頭卻談著戀愛的我，瞬間成了「敲詐」對方時間及資源的女人。

搞不好針對我的那些批判有一部分是正確的也說不定，也許是因為我愛對方愛得不夠深才能做出如此「冷靜」的判斷，因為比起愛情，我更擔心自己的人生及未來；比起浪漫的新婚生活，我更在意再怎麼努力也很難加以改善的結婚制度，而這些矛盾讓我感同身受。但我偶爾也會擔心會有某個人讓我喜歡到足以放棄賭上一輩子所做出的這個決定，因此變得更心生畏懼，害怕這個「認同結婚才是伴侶攜手度過終生的方式」的社會。

另一方面，我也對大眾所制定的「適婚年齡」感到不滿，彷彿只有女性得在婚姻中面對更多失去。彼此不同的兩人能在一起生活的方式或制度就只限於結婚這個選項，而這個「適婚年齡」也成了判斷兩人戀愛至結婚的時間長短是否合宜的基準。光憑我不想結婚的這個理由就能讓人產生罪惡感，最後只能在邊挨罵邊感到愧疚的同時，選擇是要延續這段戀愛關係或是就此分道揚鑣。

名為婚姻的這座橋，對某些人來說或許是死路一條，但對某些人而言也可能是互推一把就能通過的地方。希望那些想結婚的人都能自由自在，無須受到性別制約，也不會因為生兒育女就得中斷工作，期盼大家都能在毫無恐懼的情況下走入婚姻。希望這些人不會被強迫賦予應有的角色或該盡的義務，都能過著幸福快樂的日子。希望不想結婚的人都能自由自在，無須狠下心做出決定也能維持目前的狀態。希望除了結婚之外，也能有更多的可能性讓兩人得以在一起。希望我不婚主義的這個決定能被視為成熟的選擇並獲得大家的尊重。

# 第二部

以不婚的身分活下去

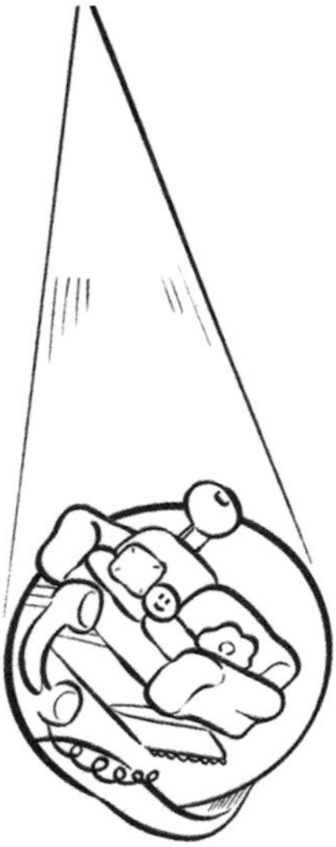

## ・不婚跟不孝的關聯性

**我們不需要成為哭哭啼啼的孝女，只要別讓自己成為祭品就好。**

**珍松** 只要聊到結婚話題就無法不提到家人給予的壓力呢。最近播出的JTBC電視劇《經常請吃飯的漂亮姊姊》中的三十五歲女主角珍雅，一路從媽媽到周遭人士都不斷在對她嘮叨結婚的事情，而媽媽相當具有攻擊性的態度甚至嚴重到足以影響女兒生活的程度。但這部分其實讓我感到有點矛盾，因為我在現實生活中蠻常感受到女兒跟父母所抱持的態度是差不多的。不過老師的家人並沒有強迫您結婚對吧？我的朋友一聽說我跟您要合作一本跟不婚有關的書，都紛紛好奇地問我說：「她是怎麼戰勝逼婚的啊？」

**愛順** 不婚最大的敵人就是父母，接著是兄弟姊妹。不婚人士最大的壓力來源其實來自家人，他人的視線反而不是很重要。我自己想要一個人過日子，別人有什麼好嚼舌根的，他們又不會代替我過日子。雖然我年輕時也曾經很在意他人的視線，但後來就不會了，只不過家人的意見卻依舊很難忽略。

**珍松** 以前家人一到年節假日聚在一起就老是會問到：「你什麼時候要結婚啊？」最近也有越來越多人認為這種問題不應該被他人干涉，之前報紙甚至也有報導過「不要在逢年過節說的話」這種主題。

**愛順** 到了適婚年齡的人確實很常聽到「你何時要結婚？」這種問題對吧？以前我工作的時候，公司同事只要一到年底就會問我什麼時候才能讓大家吃到喜麵，我就會立刻說要請大家出去外面吃麵，想辦法用這種方式敷衍過去。

**珍松** 雖然確實也有人能像您一樣順利打混過去，但根據公司或家裡的氣氛，抑或是個人性格上的差距，也有可能不是那麼容易解決。對那些不想結婚的人來說，要是家裡人不斷施壓，確實會感到相當辛苦。在《經常請吃飯的漂亮姊姊》中，珍雅在婚前還得忙著跟持反對意見的家人對立，無論是愛人或家人都不認同她，連握有選擇權都是件不容易的事。即便有結婚打算，也沒辦法自由自在地做出選擇。諷刺的是，珍雅在放棄婚事搬離父母家、與家人斷絕聯絡後，反而找回了原本的自己。

**愛順** 其實願意尊重不婚選擇的父母或兄弟姊妹並不多，大多數的家人都認為結婚是所謂的基本價值。比起一次就想扭轉他們的想法，我認為想辦法讓他們對我們的選擇產生信賴才是更重要的，因此我在這部分下了很多功夫。要讓家人認為「她有辦法把自己的事情做好，不需要管她也沒關係」，這樣一來，他們就不會一直吵這件事了。

**珍松** 我在想，會不會因為老師您是老么，才讓不婚這件事變得比較容易？以您的父母來說，一個孩子不受到婚姻束縛或許還在可以接受的範圍之內。但最近因為少子化的緣故，站在孩子的立場來看，因為他們不婚的決定可能會讓父母這輩子無法經歷「子女結婚」這件大事，進而感受到壓力。事實上也有很多人相當苦惱得在父母親退休前結婚這件事。

**愛順** 雖然是為了顧及雙親面子才得在他們退休前結婚，但也不能忽視禮金紅包這個現實的部分。

**珍松** 的確，所以最近似乎也有人在提議是否該舉行不婚儀式，這個對結婚時間點有著強迫觀念的社會，又會如何針對這種改變做出對應呢？

**愛順** 我自己認為影響結婚與否的一大要素是「運氣」，所謂的結婚時機也會隨著每個人的情況及運氣不同，有些人搞不好根本就走不到這一步呢。有人交往幾個月就立刻步入婚姻，但也有人交往好幾年卻突然分手，因此我們是否有必要為了這種充滿不確定性的事情感到惴惴不安呢？這點確實值得思考看看。而且這個社會定下的適婚年齡也不見得適合自己，我覺得大家應該要先認清這點。

**珍松** 我覺得適婚年齡這個詞本身就有點可笑。女性在古代的適婚年齡是十六歲，到了一九九〇年代又變成二十五歲以前。

**愛順** 自己的人生應該由自己決定。不管你做出什麼決定都會伴隨不安，難道在適婚年齡結婚，那股不安就會煙消雲散嗎？一選擇結婚，就會跟著出現其他不安因素，因此沒有必要勉強自己去配合任何標準。

**珍松** 那是因為很多人會把不婚跟不孝這兩件事畫上等號，搞得結婚像是理所當然之事。我最近對於「冤枉」這種情緒有很多想法，要是為了別人而勉強自己去做點什麼就會感到很冤，因此比起自己該負的責任，更容易表現出對他人的埋怨。

**愛順** 「會造成不幸的孝道並不算是孝順」，我總是這麼告訴別人。我不過是沒結婚而已，對我媽可是好得很。

**珍松** 畢竟這世界上並不是只存在著「好的」父母啊。如果是那種比起兒女幸福，更在意自己面子或回收紅包禮金而強迫孩子結婚的父母，那我們是否該毅然決然地「忤逆」他們呢？

**愛順** 什麼忤逆啊，亂說！

**珍松** 用詞太過分了嗎？那還是換個說法吧，「不孝女以後不會再哭泣，會帶著微笑度日。」

**愛順** 母親們並不了解沒結婚的人過著什麼樣的生活，所以如果想要說服父母，只要向他們展現出自己一個人也能過得很好、很幸福就行了。我小時候住在鄉下，老是聽到有丈夫對妻子家暴，不然就是搞外遇在外頭生了孩子。這要不是因為男方在還沒準備好的情況下就走入婚姻，不然就是本人被迫結婚，抑或是因為女方父母心急，隨便在某個場合只想著趕快把女兒「推銷」出去才會造成這種情況。像這種被強迫送作堆的婚姻，乍看之下也許像是一種暫時性的孝道，但勉強吃下去的飯菜肯定會導致消化不良，這樣倒不如眼睛一閉，展現出「我自己也能好好過日子」的模樣會更好吧。

**珍松** 比起被送作堆走入婚姻，還是自己選擇不結婚要來得更好。

**愛順** 沒錯，反正人生中會讓人煩心的事情也不止一、兩件，要是過著被送作堆的生活，往後肯定會想怪罪到別人或父母身上，那真的會非常痛苦。既然是我自己決定不結婚，那麼就算碰到辛苦的事情，也能抱持著「反正是我自己決定不結，那也沒辦法」的這種想法撐過去。我們不需要成為哭哭啼啼的孝女，只要別讓自己成為祭品就好。

## ・你管好自己就好

**看來老師這輩子的所有言行舉止都會被解讀成「結不了婚」的因素呢。**

**珍松** 雖然老師您一直都以不婚的身分過得很不錯，但面對他人對於不婚的揶揄或不友善的視線時，應該也曾受傷過或因而變得脆弱吧？我很好奇您是怎麼調整心態的。

**愛順** 碰到對方攻擊我的人格或傷害我的自尊心時最為難受，但我不會馬上就當一回事，會先試著忍住。要是馬上就被激怒的話，很容易引發爭端，所以我會先等自己冷靜下來後，再細細向對方闡述我當時有多難受。通常對方聽完後也會跟我道歉，表示自己當下並不知情。如果我們馬上就把對方的話當真，狀況就會演變成爭吵，到頭來只會對彼此造成傷害而已。

**珍松** 嗯，確實能感受到您很有一套，不過也會碰到不該隱忍的時候吧？何時該忍耐，何時又該果斷地表明立場，真的很難區分清楚耶。

**愛順** 當你發脾氣時，應該要先仔細思考自己的發言目標為何，看你是想傷害對方或是想解決問題。如果是需要守住自尊心的情況，就算發脾氣也該把自己的想法闡述清楚，特別是感情問題更該果決以對。要是留了後路給那些不喜歡的對象，到時可會很麻煩的。

**珍松** 我認為對不婚人士來說很重要的是，在聽到別人否認或侮辱你人生的時候，要記得別讓自己被弄得傷痕累累或出現太大的情緒起伏。

**愛順** 沒錯，不管別人說什麼，如果每一句都要計較，肯定會飽受折磨，那我搞不好就無法撐到現在了。為了好好維繫人際關係，面對那些討厭的說詞也該稍事忍耐，畢竟人脈也算社會上的一種資產。再說，不婚女性要是太咄咄逼人，其他人馬上就會加以批判，認為我們就是因為這樣才結不了婚，簡直就是活該。

**珍松** 看來老師這輩子的所有言行舉止都會被解讀成是「結不了婚」的因素呢。

**愛順** 我早就不再在意那些了，畢竟那些對我說三道四的人也不會代替我過生活。「既然你那麼了不起，那怎麼只會狗嘴吐不出象牙呢？你還是管好自己就好。」我在心裡都是這麼想的。

## ・低出生率及厭惡不婚

**「不婚」這個詞出現之後，眾多女性開始試著開創多采多姿的人生，但這個社會卻仍舊以結婚為中心思想，似乎也沒有想要改變的意思呢。**

**珍松** 要不是因為低出生率的問題，不婚這件事應該不會如此受到社會大眾矚目才對。雖然不婚的比例上升，但隨著大家越來越晚婚，同一年齡層的結婚率下降不也是理所當然的事嗎？再說，由於重男輕女以及視性別墮胎的緣故，導致二十至三十歲這個年齡層的女性人數原本就比較少。雖然不管在哪個時代都能找到像老師一樣沒有結婚的人，但是在出生率還過得去的時候，不婚這件事比較會被視為是「少數自由自在的新人類」所做的選擇，或是以「在結婚市場裡不受青睞的魯蛇」這種說法帶過。然而，大家如今卻一副像是突然遭到反撲的樣子，對不婚的做法感到大驚小怪。您覺得世人的看法是否有隨著時代變遷而變得不同呢？您有親身感受過什麼變化嗎？

**愛順** 無論是先入為主的偏見，或是那些讓人不自在的視線，應該都已經有所改善了吧？我覺得大家似乎變得比較中立了。在我二、三十歲時，雖然輿論還不至於把不婚描寫成非常負面的概念，但那些直接或間接從周遭人身上感受到的視線或偏見實在是不在少數。

**珍松** 雖然不婚現象確實變得更為明顯，但將結婚視為人生例行公事的思維卻仍是根深蒂固。「不婚」這個詞在女性運動浪潮中應運而生，眾多女性都已經開始為自己開創多采多姿的人生了，但這個社會卻仍舊以結婚作為中心思想。

**愛順** 過去因為尚未出現這種說法的關係，就連要將不結婚這件事掛在嘴邊都不是件容易的事。在一九六〇至七〇年代，只要晚一點結婚，不僅家人，就連親戚也會開始說三道四。我那些沒結婚的朋友只要回一趟老家，每次回來都會憂鬱個好幾天。

**珍松** 也對，老師有提過並沒有特別將自己是不婚人士這點昭告天下對吧？

**愛順** 實在是做不到啊，因此光是現在能順理成章地將這件事說出口，對我來說就已經是很大的改變了。之前接受《韓國日報》採訪時，看到嘴上說著自己是不婚主義者、還不到三十歲的你一路小跑過來的模樣，我忍不住就笑出來了。

**珍松** 不過很意外的是，有紀錄指出獨居的女性在古代竟然是遭到國家管理的對象呢，最近在tvN播出的電視劇《百日的郎君》也有提到這部分，沒有結婚的女性被稱為「怨女」，沒有結婚的男性則是「曠夫」。國家為了讓這些人得以步入婚姻，甚至還制定了相關政策。要是家中閨女到了三十歲還沒能結婚，父親就會被拖去官衙挨好幾個大板。雖然實際上似乎並沒有真正施行過，但其實也很難說啊，誰知道呢？在《百日的郎君》中，女主角就因為受不了棍杖之刑而選擇跟男主角假結婚。所以我最近去演講的時候都會開這種玩笑，「如果現在是朝鮮時代的話，我爸應該正在挨打吧？（笑）」

**愛順** 因為在那個年代，女性得結婚才能獲得正常人的待遇。當時的社會民情不會考慮到要保障獨自生活的女性，只會想著將大家推入婚姻。現在的女性起碼還能出門工作，就這點來說，我認為情況已經算是好上許多。

**珍松** 最近只要牽扯到跟結婚有關的話題，對女性的視線可以說是相當雙重標準。在現在這個年代，要是有年輕女生在未來志願欄裡填下「賢妻良母」這四個字，恐怕會被認為是在開玩笑。但這其實也顯示出，無論女性選擇了什麼行業，這個社會最終都希望她們能往結婚、成為人妻及人母的道路上前進。我曾在某個女團偶像養成節目裡看過，某個十幾歲的少女表示自己未來就是想成為一個賢妻良母。

**愛順** 不管我去哪裡也都會有人把我當成是某人的媽媽或老婆。有些人在跟我對話前就已經理所當然地把我當成家庭主婦，也有人早已幫我預設立場，以我有孩子的情況開啟對話。每當我碰到這種情況，就會乾脆想辦法轉移話題。

**珍松** 如果說過去對於不婚人士的成見可以簡化為「社會上的掉隊者」或「自由獨身主義者」的話，那麼現在就是把不婚人士當作以自己人生為優先，而疏忽掉結婚生子這類義務的「自私份子」，這兩者之間確實有差異呢。

**愛順** 我以前倒是曾經說過大話。

**珍松** 您是指什麼呢？

**愛順** 我跟其他人說我是個愛國者，以前國家曾因為大家生太多孩子，而要求大家少生一點，那麼既沒結婚，也沒有生兒育女的我，難道還不夠愛國嗎？（笑）但最近聽說要多生幾個才叫愛國，不生孩子的話就算叛國賊是嗎？

**珍松** 最近這個世道覺得只生一個不夠，一直在推崇大家要多生幾個。前陣子在保健福祉部製作的獎勵生育影片中，試圖透過獨生子女孤單寂寥的畫面來刺激媽媽們的愧疚感，因此引發了不小爭議。大家一樣都是人，卻得因為國家的需求被貼上標籤，遭到他人品頭論足，甚至是差別待遇，這實在是非常不恰當。

**愛順** 雖然政府可以依照自己想法推出不同活動，但還是得尊重每個人的選擇才行。當我在一九九〇年代創立獨身女性團體「同心會」的時候，不僅周遭的反應很不錯，就連媒體報導的內容也相當友善。

**珍松** 在一九九〇年代的大眾媒體中，我拿家庭肥皂劇來當例子好了，比方說當時金秀賢（김수현）編劇總是在自己的作品中將沒有結婚的女性刻劃成現代自主的樣貌，不僅接受過良好教育，甚至懂得自己開創人生，但同時也會被賦予難搞自私的形象。後來因為出生率不斷下降，大家開始批判不婚人士的行為，我有試著去搜尋這現象是始於什麼時候，結果被我找到一篇針對相關新聞報導進行分析的論文，裡面不只講述了低出生率與不婚跟這社會的關聯性，也有提到不婚為何會受到負面批評的原因。

**愛順** 那麼大家看待不婚的視線確實有明顯改變。

**珍松** 是啊，雖然一九九〇年代跟不婚或晚婚的相關報導只有個位數的寥寥幾篇，但數量逐漸在增加。也因為出生率在二〇〇二年降至一・一七，大家從二〇〇三年開始大張旗鼓地想辦法找出對策。過去總是只對已婚女性生兒育女問題有興趣的輿論媒體，轉而將矛頭指向選擇不婚或晚婚的年輕女性。雖然那陣子出現了「黃金剩女」跟「華麗單身」這類的詞語，但媒體卻也開始使用「禍害」、「威脅」、「衰退」、「頹敗」、「難民」、「迫切」、「前途茫茫」、「惡性循環」等讓人出現危機意識的負面偏激用詞，試圖讓不婚人士成為引發社會問題的主犯。

**愛順** 要是我現在才創建同心會的話，八成會挨罵。

**珍松** 我反倒覺得會在一片歡迎跟批判的聲浪中大受歡迎耶，不過以前也會像現在這樣試圖將社會問題與不婚綑綁在一起嗎？

**愛順** 當時比起社會問題，比較傾向於跟個人進行綑綁。比方說，「那個女人就是因為個性難搞才會沒有老公」、「她八成是因為心術不正才會結不了婚」、「肯定是沒人愛才會那副德性」……不過最近不僅有越來越多人認同不婚這個概念，大家也慢慢對其抱持著更正面的看法，反而是媒體進行負面打壓的情況越來越越嚴重……跟以前正好相反。

**珍松** 一九九〇年代的大眾並不認為不婚主義是個具有威脅性的概念，當時的媒體報導反倒將不婚描述成是一種有趣的活動，而不婚人士則是比較特別的新時代人類。

**愛順** 這算是一種施捨的眼光吧，畢竟無論是過去或現在，不結婚的人都會被視為是自私的存在，總是得背負罵名。他們無法理解一個人為何能過著輕鬆自由的日子，選擇走上異於常人的路，過著獨特顯眼的人生，這個決定所需要承受的實在是太多了，大家實在不能用那麼單純的理論去評斷他人的人生。

**珍松** 老實說……我是真的搞不懂為何不能為了輕鬆自在而選擇不要結婚，每個人應該都有追求自己幸福的權利吧？那些為求輕鬆而不想結婚的人，反過來說，就是認為婚姻生活會讓自己很不自在啊。我們不過是不想做出不利於自己的決定，真不曉得為何要因此遭到批判，怎麼不去想想辦法讓我們對結婚這件事改觀呢？

**愛順** 我偶爾會覺得你是個徹頭徹尾的個人主義者呢，也會很驚訝最近的年輕人原來是這麼想的啊。

**珍松** 真的嗎？我看過最印象深刻的說法之一是這樣的：「不婚並不只是單純結不結婚的問題，而是以不結婚的人生為基礎，進而構築出屬於自己的生活或人生。」我們不該單純地將重點放在比較哪種人生中多了什麼或少了什麼，而是該注意構成方式的差別在哪，我認為這個觀點還蠻新穎的。現在這麼一想，不結婚不就總是被定義為「沒有結婚的人生」嗎？這儼然就是將結婚視為基礎價值，再下去進行比較，試圖找出兩者間的差異，所以才會覺得不滿意啊。

## ・朝鮮時代的不婚，獨女

雖然下述情況從未發生過，但在朝鮮時代，要是「處女」不是處於特別的情況卻未在三十歲前出嫁的話，其父親就會被處以笞刑。無論是過去或現在，國家總是想費心將人民困在名為「結婚」的牢籠裡，而在其中也混雜著像我們這些行為偏差的脫序份子（？）。如果我出生於朝鮮時代，那我爸現在八成已經被拖去官衙，並且因為「膽敢不讓超齡女兒出嫁」這條罪名被打了好幾大板吧？這樣我搞不好會來個假結婚也說不定……

在朝鮮時代，那些「上了年紀卻沒有老公跟孩子的女人」被稱為「獨女」，雖然也有人會將其與寡婦混用，但兩者的差別在於獨女是國家的特別管理對象，也被稱為「不成人」，也就是一個並不健全的存在。朝鮮時代的獨女雖然被視為是既柔弱又可憐的局外人，但國家其實待她們並不薄，並不是遭到拋棄的被害者形象。當我閱讀那些作為參考的論文時，發現朝鮮政府的做法其實遠比我們想像得還更細心，他們會試著照顧這些所謂的「不成人」，當然偶爾也會有發生衝突的情況。若是獨女哭訴自己的狀況難以維生，國家就會挺身而出幫忙減免稅金，甚至還會支援那些需要撫養孩子的人。另外，獨女若是在沒有主人的情況下犯罪，能被處以相對較輕的罰則，因此有些人也會利用自己不會受到重罰這點，公然違反禁酒令於私下偷偷製酒販賣，或是做出直接向王喊冤的這種冒犯行為。

種種例子都再再顯示出當時的父權社會仍試圖對處於婚姻體系外的女性進行監視及保護，卻在進行管控的過程中屢屢遭挫。朝鮮時代的女性感覺不過是男性監護人或配偶的附屬品，他們所實行的父權社會似乎因為「身旁沒有男人的女人」而陷入相當混亂的狀態。

在那個時代，比起個人，女性更偏向隸屬於家族這個共同體中的一員，相較現在也更受限於「女兒—妻子—母親」的桎梏之中。但更讓我覺得有趣的是，原來當時也有女性想擺脫這種框架的事實。如果現代女性能搭乘現代史劇裡的時光機或進入扭曲時空重回朝鮮時代的話，會不會也被迫談完戀愛後步入婚姻呢？

雖然無法將朝鮮時代的獨女與現代的不婚女性畫上等號，但這種存在著異質性的可能本身就具備相當珍貴的意義。不婚這種生活方式在過去並不是不存在，而是在受到規範跟壓迫的方式下，以一種彷彿失去了自我的方式存在。

縱使獨女們在史料裡只是以很短的篇幅出現，但時至今日的不婚女性已經下定決心要為自己發聲。比起成為他人筆下的記載，我們更想為自己寫下紀錄。我們並不是「不成人」，而是即便不結婚也很成熟獨立的成人。面對這個以各種權利作為要脅強迫大家結婚的國家，我們決定對這種不合理的情況做出反抗。

# ・修女是誰都能當的嗎？

**只要一提到女性不婚就會立即聯想是否跟宗教有關，這種慣性思考模式似乎代表社會大眾認為女性要獨自過日子並非易事。**

**愛順** 我曾在第二本著作《神父跟修女是誰都能當的嗎？》（신부 수녀는 아무나 하나）中提到自己進入修女院的故事。我原本在社會福利機構當公務員，後來在國會秘書官時期也建議議員進入保健福祉委員會服務。因此在他三屆任期以來，我們都不斷在推動這方面的發展，後來也讓我產生了想從事社會福利事業的念頭。但我當下並沒有什麼存款，也沒有其他家人能資助我，後來聽說只要進入

修女院完成二至三年的修業就能經營社會福利會館，所以我馬上就報名參加了，當時是一九九七年。

**珍松** 那您當時已經五十幾歲了呢，那個年紀還能進入修女院嗎？

**愛順** 就是說啊，我算是個特例吧，大部分人都是年幼時就進去了。我進去後才發現大部分的人都二十幾歲，天啊，那些人可都是我的大前輩，我得向大家禮貌問好，也得乖乖聽從指示才行，彼此以「姐妹」稱呼對方。

**珍松** 把這形容成是活到老學到老好像也不太對，這該怎麼形容呢？活到老……修到老？老當益壯？不管哪種說法都有點奇怪呢。

**愛順** 我當時很擔心自己是否能堅持下去，再加上那裡一到晚上八、九點就熄燈，要是在修女巡視時被她們發現尚未就寢，就會被訓一頓。若睡到一半想上廁所，也需要獲得允許才能行動。從早到晚都在忙農活，或是到小吃攤做紅豆麵包跟製作醬曲，也會去餐廳幫忙切蘿蔔等等……完全沒有空檔休息。

**珍松** 這樣感覺工作量很大耶？人們要是聽到修女院，大多會認為是個祥和平靜的地方，結果竟然完全相反。

**愛順** 一天內會湧入近五百至一千名觀光客，卻只由院內的十幾名修女進行接待。到了晚上，雙腿甚至會疼到難以入睡，這以修行的程度來說，也實在是太辛苦了。

**珍松** 廣義而言，神職人員也適用不婚這個概念，不過看來他們的生活也需要承受不一樣的苦難及忍耐。

**愛順** 如果心態夠純粹的話，應該就能忍受了吧？可能因為我是另有目的才會覺得那麼辛苦，我沒辦法那麼單純啊。

**珍松** 因為您是野心十足的修女啊，一直以來都崇尚著自由的您，肯定會覺得像是突然碰上了強敵吧。

**愛順** 那裡就跟收容所沒兩樣，得日復一日地不斷忍耐。特別是像我這種年紀大的人，一進去就有種得成為他人模範的壓迫感。我當時甚至壓力大到患了急性腎盂腎炎，後來連胃的狀況也不是很好，最後只好選擇離開修女院。

**珍松** 那您在裡面待了多久呢？

**愛順** 大概……兩個月？（笑）要不是顧慮到面子跟自尊心的問題，我大概會更早溜走。在進入修女院之前，我不只辭掉工作，甚至還到處向人宣傳，要是那麼輕易就離開的話，我的面子跟自尊心該往哪放啊？我是因為這樣才沒有一走了之。再加上其他修女對我也有很大期待，而我自己也覺得有股責任，我得好好表現才能讓她們願意接納下一個年紀大的人啊。可是再撐下去又覺得好窒息，搞得自己裡外不是人，簡直是飽受折磨。

**珍松** 這段故事還真是耐人尋味。其實朝鮮時代也有很多不結婚的女性會選擇皈依佛教或道教等宗教，只要一提到女性不婚就會立即聯想是否跟宗教有關。這種慣性思考模式似乎代表社會大眾認為女性要獨自過日子並非易事，換句話說，也就是能選擇的範圍非常狹隘。真要說起來，老師也是因為經濟問題跟年老後的計畫才會選擇進入修女院。

**愛順** 因為這兩種原因進入修女院的人其實還挺多的，雖然我最主要的目標是為了福利事業。

**珍松** 為了自由自在而選擇不結婚的您竟然願意進修女院，這件事讓我蠻意外的。看來比起結婚，您對修女院好像比較沒有那麼抗拒？

**愛順** 當我一提到想從事福利事業後，就有一堆人勸我去結婚，大家都說只要找個老公，貸款融資的過程就會變得輕鬆許多。但要是為了這個目的結婚，到最後婚姻並不順利的話，那該如何是好？水可是都潑出去了耶。但修女院畢竟只有我自己一個人去，相對而言，負擔確實小了很多。雖然我完全沒料到會那麼辛苦就是了……我有次甚至還抱著一死了之的念頭打算直接驅車離開，當時大家預計要搭乘卡車出外製作醬曲，負責開車的人是我。我那時是第一次駕駛卡車，繞著操場練習兩圈就上路了，內心想著等會要以車子爆胎為由先讓車上的修女們通通下車，接著再說要開車去修理，打算一個人逃之夭夭。

**珍松** 竟然還讓您出現了這種想法啊……那您後來怎麼會改變心意？有什麼特別的契機嗎？

**愛順** 我當時在車上的中央扶手箱發現了我那個年代的人氣電視劇《沙漏》（모래시계）的背景配樂錄音帶，那部作品的配樂不是很雄壯帥氣嗎？特別是由俄羅斯歌手艾歐斯夫．科布松（Iosif Kobzon）所演唱的那首《白鶴》（Cranes）。我一聽到那首歌後，內心立刻湧出一股我不能死，一定要好好活下去的求生欲。當時那部戲真的非常受歡迎，做生意的人甚至會為了要收看那部戲而提早打烊。每逢電視劇播出的時段，就連路上都不太會有載客的計程車，大家都戲稱那部戲為「回家鬧鐘」。

**珍松** 看來您是為了看到下一集才決定繼續活下去呢。

**愛順** 當腦海中浮現出那部戲時，我也重新對喜怒哀樂跟人生省視了一番。

**珍松** 看來人在求生意志低落的時期，得把自己喜歡的東西放在身邊才行，畢竟人在內心感到岌岌可危之際，就會越陷越深。這樣看來，老師在人生裡曾經歷過兩次危機，一次是幫姪子的債務向銀行作保，導致花光所有積蓄，另一次則是進入修女院，那您覺得哪一個更辛苦呢？

**愛順** 修女院的生活讓我更想死。

**珍松** 天啊，竟然是修女院更辛苦嗎？我連嘗試都不敢。

**愛順** 只要一想到自己在修女院因為撐不下去而逃之夭夭的事情會傳出去，就不知道自己的面子該往哪擺，我經營了這麼久的形象到底該怎麼辦才好啊？我最受不了聽到不喜歡聽的話，與其要我承受那些責難，我還不如去死算了。

**珍松** 也有很多人會常把自尊心掛在嘴上，就因為這種心態，甚至還有人會產生危險的念頭，結果老師您好像也很重視這點耶。聽完這段軼事後，更讓我感受到您是個相當正直不阿的人。碰到制度或信念起不了太大作用時，您對自己尊嚴的信賴、自尊心及品味的責任感成了讓您支撐下去的救命稻草，這是相當罕見也深具魅力的性格，最近大家都把這形容成是一種心智狀態或自尊感。

**愛順** 不過，要是每件事都得顧及到面子，搞不好會讓人覺得有點過於敏感，畢竟人生也不能只顧著自由自在啊，在韓國社會中，樹大又特別容易招風。以不婚身分過日子的人，只要行為稍微有些偏差就會落人口舌，我一直以來都很小心翼翼地過生活，就是擔心被人指指點點地說「你們也不看看她是哪種女人」，甚至還得聽到一些難聽話。所以，比起「這是我的人生啊，我管其他人講什麼，我要照我自己的意思過日子」這種想法，我在維持社會性、遵守道德規範、確立家中地位跟在朋友之間講求信用這些部分相當用心。

**珍松** 對於那些社會上的少數族群，大眾不都會傾向要他們證明自己在道德上沒有瑕疵嗎？一副得成為毫無缺失的模範市民才能獲得認同的感覺。我希望自己就算平凡，即使不夠出色也能以不婚人士的身分安穩度日，我想活在那種僅憑一己之力就足以讓自己人生不被左右的社會之中。

## ・需要變得更堅強的金愛順，以及希望不用那麼堅強也無妨的李珍松

**現在我只要在社群媒體上發文請求幫忙，大家都很樂意即時提供意見。多虧這些匿名人士一次性的建議或幫忙，也讓我順利度過了不少危機。**

**珍松** 我想請問老師是否有曾因為不婚的身分在使用社會服務上碰到不利的情況呢？比方說在醫院時因為沒有監護人而遭遇到不方便之類的。

**愛順** 還好我並沒有動過大手術，如果院方要我聯絡監護人，我就會告訴他

們我一個人住，哪有其他人可以找，接著會反問他們是不是怕我不繳醫藥費，並保證我一定會繳清，請他們不用操心。我前陣子因為腿不舒服開刀，進療養院住了好一陣子，大概是我這輩子第一次住院住了那麼久。

**珍松** 之前我家在進行室內裝修的時候，負責施工的人想要敲我一筆，後來是我爸站出來跟對方吵了一架才順利解決，我媽甚至不是他們的對手。看著那種情況的我心想，我也不是像您一樣那麼有決斷力或是具備什麼傻勁之類的人，當我碰到這種不利的情況時，到底該怎麼辦才好？

**愛順** 碰到這種情況一定要找人出面幫忙處理，不管是親戚、男性朋友或職場上司都行。我以前曾經在路上碰到別人找麻煩，對方堅稱是因為我的關係才會受傷，當時只有一個人的我實在是沒信心能吵贏對方，後來也沒有找人來幫忙，最後只好交給保險公司幫忙處理。

**珍松** 不管有沒有老公，身為這個市民社會的一員，本來就有權利過著安居樂業的生活。我總有股像是女性將安全這件事外包給老公負責，而不是將安全費用支付給社會的心情。

**愛順** 人們不都把老公跟子女形容成是女人的圍欄嗎？

**珍松** 我們這個世代的人要是碰到什麼危機情況，哪怕對方是陌生人也無妨，總會想拉攏他人，並藉此獲得一些力量。以前我曾在路邊被醉漢毆打了一頓，當時因為還沒使用智慧性手機，所以沒能這麼做；但現在我只要在社群媒體上發文請求幫忙，大家都很樂意即時提供意見。比方說建議我絕對不要寬待對方，要是警方一直試圖勸和，那就要求他們換另一個警員來處理。多虧這些匿名人士一次性的建議或幫忙，也讓我順利度過了不少危機。我偶爾會想，沒有老公的我是否該依賴這種幫忙跟專業資訊來武裝自己？

**愛順** 最首要的還是要讓自己變得更堅強，畢竟獨自過日子該保護的人就是自己啊。「那個人是傻瓜，隨便利用她也沒關係，看起來就很好欺負的樣子」，絕對不能讓別人對你抱持這種看法。越是想一個人生活，就越該展現出強勢的一面才行。我以前在職場也時常無法忍受不合常理的情況，即便對方是高層，我也會對他們直言不諱，選擇跟弱者站在同一陣線。

**珍松** 感覺我們的人生就是在這些強弱之間不斷調和出來的成果。熱愛做慈善，也很喜歡小孩子的您所流露出的溫暖面貌，以及自始至終為了公益所燃燒鬥志的模樣，看著同時擁有這兩種樣貌的您，就讓我更覺得自己的想法並沒有錯。

## ・跳脫「不婚」及「已婚」的二分法

**雖然是獨自的個體，**
**但保持與他人的聯繫也很重要。**

**珍松** 照我看來，老師您似乎希望不婚人士能在家中扮演較為積極的角色，建議大家積極出面調解矛盾，幫忙修補家人間的關係。對不婚人士來說，有沒有什麼比選擇結婚還要來得更好的做法？

**愛順** 過了好一段時間的不婚生活後，就算不結婚也能透過周遭人士間接體驗到何謂結婚生活，特別是婆媳紛爭這部分，真的是時有耳聞。雖然我沒有當過別人的媳婦，但看著家裡的姊妹就會出現「啊，原來這就是婆媳關係」、「這種做法不是很恰當」等這類想法。

**珍松** 那您在這種時候會怎麼做？我看您好像無法忍受不當的情況呢。

**愛順** 畢竟是我們家的問題，所以我會站出來進行仲裁。

**珍松** 這算是相當積極的行動耶，就算是再怎麼親近的親人，要是碰到出現矛盾的情況，大部分的人都會認為這是當事人之間的問題，不想出面介入。

**愛順** 比方說我媽跟我大嫂住在同一個屋簷下，我在聽完事發經過後會試著多理解大嫂一點，毫不猶豫就選擇偏袒親人是很危險的舉動，只不過要客觀進行判斷也不容易就是了……再說，要是媳婦覺得沒有人站在她那邊的話，肯定也會感到很挫敗吧。

**珍松** 原來您是在試著維持平衡。我們家是三女一男，所以很常聽到別人說我弟肯定會因為有三個姊姊而結不了婚。我是不曉得我弟要不要結婚，畢竟那取決於他的選擇，但要是他決定結婚，我覺得我到時應該也會跟您一樣，當個維持平衡的角色。

**愛順** 是啊，那樣一來，家人之間才有辦法進行對話。偶爾我大嫂也會跑來找我訴苦，我一定會聽她講完，接著再去聆聽我媽的說法。就連我那些碰到婆媳問題的朋友，也都會來找我聊呢，大家都很好奇我明明就沒結婚，怎麼會那麼懂這些事？但其實只要依常理判斷，一切就會變得很簡單。每天都要見到面的人若是有了矛盾，要嘛就是由第三者提出不同的觀點，不然就是換個方式思考，這些都能幫上忙。

**珍松** 我也很常跟朋友聊到婚姻生活這塊，話題會圍繞在她們跟老公的溝通方式或婆婆做了什麼不當的事情。並不是非得結婚才能理解婚姻裡的問題，我們也是能感同身受的。即便是已婚人士，立場跟價值觀也都因人而異，那種認為只有結過婚的人才能明白已婚人士的想法，我認為相當短淺。

**愛順** 到頭來不婚人士也都是擁有社會經驗的人啊，具備了足以進行仲裁或協助解決問題的能力。以結婚與否來對人進行孤立或排擠是很不好的選擇，那些比我年紀輕的妹妹們之所以願意聽從我的建議，是因為我也很尊重她們的緣故。

當你要出面仲裁幫忙改善一段關係時，要先理解到對方的處境跟自己並不相同，得先懂得尊重對方的人格後才能出手介入，這樣一來就不會聽到「你又沒結過婚，根本什麼都不懂」這種話了。

**珍松** 「雖然是獨自的個體，但保持與他人的聯繫也很重要」，這似乎就是老師您的不婚哲學呢。您應該很重視要經常跟朋友及家人保持聯繫，並保持友好關係這一點吧？

**愛順** 人是無法獨自生活的，我只不過是沒有結婚沒有老公而已，難道這就代表得斷絕其他的所有關係嗎？沒這回事。我們家只要一有什麼狀況，我就會負責出面好好協調；朋友要是出了什麼問題，我也會飛奔過去幫忙。

**珍松** 看來得幫自己設個底線，要過著不被孤立的一人生活。

**愛順** 我就連跟親戚之間的關係也很費心維繫。在我媽過世之後，我立刻就去找我阿姨。雖然其他家人都說在我媽過世後，我們跟阿姨之間的關係也會變得越來越疏遠，但我阿姨總是很歡迎我，這也讓我的心情稍微好受一些。

**珍松** 是的，不過我在家庭問題這方面反而抱持著不一樣的想法。很長時間以來，兒童受虐或家暴這種問題都是以「因為是一家人」這種原因遭到掩蓋。即便是一家人，要是會造成傷害的話，就該隨時喊停，選擇斷絕關係才行。就算是家人也不該隨意干涉對方的生活，每個人都是個完整個體，我是這麼想的。

**愛順** 我覺得你這種想法太極端了。

**珍松** 我是沒有中間值的女人啊～

**愛順** 可能是因為我比較老派，才會覺得家人很重要。盡可能跟友人保持良好關係會使我的心靈狀態變得更豐饒，在我碰到不幸的事情時，也才能找到願意幫忙的人。

**珍松** 「人就該存在於關係之中」，您是這個意思對吧？

**愛順** 對沒有結婚的人來說，選擇讓哪種人留在身邊是特別重要的一點。隨著年紀增長，等到雙親過世後，家人就會紛紛離開。待我實際經歷過後才發現，家人不在我身邊這件事比想像中還更茫然，因此我才會持續跟親戚們保持聯繫，讓大家記得我的存在。為了讓自己的意見能被正面接納，我很用心在跟他們相處，而這麼做也讓我感到很愉悅。特別是親戚找我出面仲裁時，我覺得那比結婚生子更讓人開心。

**珍松** 您之前有提過馬上就要參加姪子兒子的婚禮了對吧？跟親戚保持良好關係並不是件非得有老公孩子才能做到的事，而您也藉由努力經營跟親戚們的關係獲得了情緒上的安定呢。

## ‧坑了我錢的人就等死吧

**我還記得某個人明明星期五一副窮到快被鬼拖走的樣子，**
**結果一過完週末，**
**到了星期一又成了一尾活龍到處走跳。**

**珍松** 之前我有看過老師的書，您在裡面提到因為幫姪子向銀行作保，在經濟上蒙受了相當大的損失。

**愛順** 我也有被朋友騙過一次。

**珍松** 因為您很喜歡與人相處，也很重視人際關係，所以那些人才會利用您這種心態吧？

**愛順** 畢竟我沒結婚，沒有老公或孩子可以幫忙撐腰，可能是這樣才會被認為是個好欺負的人吧。如果派老公出面催討的話，對方應該也很難不敢還錢才是。但不管我發了多大脾氣，對方都還是不願意還錢。照這點看來，大家可能覺得女人就算這麼做也不可怕，不僅不把一個人獨居的女人放在眼裡，甚至還認為稍微敲她一筆也不會受到太大威脅，所以不婚人士絕對不能借人大筆金錢。

**珍松** 不過當您把錢借出去時，應該也代表您對那個人有著一定的信任。

**愛順** 那些人確實曾經值得信任啊。我是個很重視約定的人，要是認為此路不可行就不會去做，若覺得對方為人不夠正派，就不會跟其打交道，所以也才會傷得更深。往後我在金錢這方面是絕對不會再通融了，一開始因為心太軟，再加上對方的處境很可憐，才會願意借錢給對方，直到狠狠地被陰了之後才終於清醒，現在就算對方跟我說快要餓死，我也不可能再借錢給別人。

**珍松** 搞笑藝人金淑（김숙）也曾說過類似的話，她說獨居女性絕對不能公開自己的所得，不然別人會認為自己一個人住又沒什麼需要花錢的地方，反而會

成為他人眼中的肥羊。

**愛順** 為了不讓這種事發生，就算來借錢的人哭訴自己就快餓死了，也絕對不能心軟。我還記得某個人明明星期五一副窮到快被鬼拖走的樣子，結果一過完週末，到了星期一又成了一尾活龍到處走跳。

**珍松** 您的這番建議我會銘記在心，看來得在腦中不斷進行模擬才行，這樣碰到別人來借錢時才有辦法果斷拒絕。

**愛順** 獨居人士的弱點就在於對別人答應有借有還的說詞感到心軟，但碰到對方不還錢時卻又無法強硬地進行應對。如果有老公或孩子的話，起碼能以家裡有急用為由，勉強將借款收回，但如果沒有其他需要扶養的家人，若不是借出鉅款的話，可能就會出現「反正那點錢再賺就有」這種想法。

**珍松** 若借出去的錢不只跟自己有關，而是跟家人經濟問題有直接關係的話，催討的行動力也會大相逕庭。

**愛順** 對過著獨居生活的人來說，用什麼心態處理難關是很重要的。該用

「精神力」這種說法來形容嗎？人要將自己的心智鍛鍊得更為堅強，盡可能做好完善準備才行。對於結婚人士來說，他們還有另一半可以依賴，如果碰到煩悶的情況，不僅有個能訴苦的對象，也有個人能提供幫忙。雖然我從來沒有羨慕過這點，但在覺得很辛苦、身邊卻沒有人能訴苦時，實在是有點孤單呢。

**珍松** 但您有很多朋友啊，無法依賴那些人嗎？

**愛順** 我當然有跟很要好的朋友們說，但姪子的事情卻是在書裡才第一次提到。畢竟家務事多提無益，大部分都只會對自己造成損失而已，但當時我覺得得說出口才能讓自己稍微輕鬆點……不過我還是會想辦法靠自己試著解決，就是因為怕鬧到家醜外揚，而這部分是我的自尊心不容許發生的事。

**珍松** 也對，人生之中確實會碰到很多覺得沒必要對人講清楚的事，即便對方是自己深愛的家人或愛人也是一樣。需要能依賴的對象是一回事，但有些部分確實是完全得靠自己去承擔的。

**愛順** 總之，就算真的決定要借錢給對方，也一定要狠下心強硬應對才行。

就算其他人可以被坑，也絕對不能坑我的錢，得表現得狠一點，讓對方感受到不還錢會完蛋才行。另外還得把借據拿去進行公證，採取強硬的法律路徑解決，手上得握有這些文件，才不會隨便胡思亂想，畢竟最後也有可能會鬧上法庭。人們覺得最容易到手的就是父母親的錢跟沒有結婚的女人的錢，對方會把那些錢當成自己的財產，所以要單槍匹馬跟擁有這種想法的人對抗實在不容易啊。

## ・不結婚就會孤獨纏身？那全是謊言一場

**最近不婚女性因為安全及經濟層面的考量，也會希望能住在共同住宅裡，原來各位早在三十年前就已經有這種念頭，這樣也算是大家長久以來的夢想呢。**

**珍松** 最近決定選擇不婚的年輕女性們都夢想著要一起住在共同住宅。其實對年輕的不婚族群來說，要打造出一個休息空間其實是件很茫然的事，只能空留在想像之中而已，而您卻在一九八〇年就組織過獨身俱樂部「育親會」，針對經營共同空間這部分，我很好奇您是怎麼企劃並著手進行的？

**愛順** 在我那個年代並沒有太多類似咖啡廳的空間，女性聚在一起很容易惹來別人的閒言閒語，所以我才會想要打造出一個能讓大家自在待著的地方。因此拿出存款購入兩個貨櫃，並放置到朋友提供的土地上，那已經是二十幾年前的事情了，大概花了我五百多萬韓幣吧？那個祕密基地由我負責管理，也因為那裡離我上班地點很近，我連週間的平常日也會去。會員都是我在工作時認識的單身女子，雖然大家相處的時候就跟朋友無異，但其實年齡是有點差距的。

**珍松** 所以您是乾脆打造出一個與世隔絕的地方耶，那內部構造是怎麼安排的？我腦中忍不住有畫面了呢。

**愛順** 裡面有廚房設備，所以我們可以在裡面做飯吃。不過其餘的地方空空如也，就連家具也沒有放，畢竟不曉得會有多少人來，不能讓空間變得過於擁擠。大概就是個能讓三五好友聚在一起，蓋著被子說說笑笑的地方。

**珍松** 那你們見面後主要都在做些什麼？雖然最近大家聚在一起有很多事可以做，但你們當時既沒有智慧型手機，餐點外送服務應該也還不甚普及。就諸多方面來說，條件好像不是很理想耶。

**愛順** 育親會的成員一到週末就會聚在一起烤肉，有些人會談政治，也有些人會聊文化，我們會聊很多不同話題。之後到了一九九〇年代創立了同心會後，大家會一起出外旅行或是觀賞電影、舞台劇，也會去參加展覽這種藝文活動。我們並沒有強求一定要在那個休息中心做點什麼，比起這點，我只是希望大家待在那裡時能獲得其他人的陪伴。

**珍松** 那這種模式有點沙龍的感覺，也像是「專屬包廂」。

**愛順** 沒錯，我們聚在一起時主要是聊政治，雖然大家都沒有結婚，但政治傾向卻大相逕庭，真的是大聲嚷嚷地吵成一團（笑），很有意思。

**珍松** 女性聚在一起時，要是沒有那種獨立空間會很麻煩，偶爾也會碰到男性想上前搭訕的情況。

**愛順** 最近還是會有人上前詢問要不要併桌用餐嗎？我非常討厭這種方式，如果有育親會那種休息空間的話，就不會碰到這種事，相當舒服自在。

**珍松** 請問那裡持續了多長時間呢？

**愛順** 我不太記得確切持續了幾年。後來大家都忙於生活，因為各自不同的理由，就接二連三地離開了，最後只剩我一個人，因此便決定到此告一段落，倒不是因為什麼特別的原因才結束。當時有些成員離世，也有人移民到國外，自然而然就變成那樣了。

**珍松** 那你們當時沒有「小團體」的現象嗎？不曉得跟您後來在一九九〇年代創立的獨身女性團體是否有關？

**愛順** 沒有直接的關聯性。畢竟育親會只是單純為了交朋友而成立……不過我確實是從那時才開始跟其他不婚女性聚在一起過日子，分享彼此的故事。這麼看來，應該是因為那樣才會讓我越來越想打造出那種類似的空間。

**珍松** 看來育親會成了您很特別的經驗跟回憶，所以您才會在一九九〇年代時決定成立獨身女性團體吧？

**愛順** 沒錯，雖然一開始我只是覺得很有意思，純粹想要輕鬆看待這件事，但既然都決定要認真面對了，那乾脆就把事情搞大吧。

**珍松** 最近不婚女性因為安全及經濟層面的考量，也會希望能住在共同住宅裡，原來各位早在三十年前就已經有這種念頭，這樣也算是大家長久以來的夢想呢。就算沒有住在一起也沒關係，但我也想像您一樣另外打造出一個像貨櫃屋的地方，讓大家得以駐足。

**愛順** 要是成功的話，你會邀我去玩嗎？

**珍松** 唉呦，老師您可是VVIP呢～！

## ・不正當（？）的不婚女性們

**有人曾問我，讀者在看那本書時，需要瞞著父母躲在被子裡閱讀嗎？**

**珍松** 我們要不要來聊聊您在一九九〇年代所成立的同心會？應該是國內第一個對吧？既然是開路先鋒的話，應該有很多需要注意的部分。請問申請入會的不婚女性有什麼資格限制嗎？

**愛順** 我們的接受範圍還蠻大的，當時並沒有不婚這種說法，既然名稱裡有「獨身」這兩個字，言下之意就是個以獨居女性為召集對象的獨身女性團體。不過當時的正式名稱是「韓國女性同心會」，無論是沒有結婚或結過婚卻離婚的女性都能加入，就算有子女也沒問題。

**珍松** 比起結婚與否，好像更把重點放在「女性一人家庭」的感覺。雖然一人家庭、獨身、不婚這些詞語的概念並不相同。

**愛順** 一人家庭？看來最近都是這麼說的啊，我到現在都還覺得不婚這個詞很陌生呢。

**珍松** 其實就只是換了個新說法而已，這早就是您親身開拓過的領域！不過世人對同心會會員的視線感覺並不會太友善才對，請問實際狀況怎麼樣呢？大家是否有疲於跟差別待遇或偏見對抗？

**愛順** 這部分倒沒有，當時反而是我們內部比較混亂，畢竟很難找到真正的不婚女性……我們也不能要求對方拿戶籍謄本來確認，只要對方宣稱自己是單身，就得當作是這麼回事才行。

**珍松** 啊，原來並沒有進行行政程序上的確認啊。不過都跑去那裡了，應該也不至於會說謊吧……那會要求大家填寫報名表嗎？

**愛順** 報名表這部分也是由我負責，光是登記的會員就超過了四百人。

**珍松** 規模比想像中還要大上許多耶，除了個人資料外還需要填寫什麼別的內容嗎？比方說「我選擇不婚生活的五十個理由」之類的。

**愛順** 又不是在填公司履歷，就很直接地讓大家成為會員了。

**珍松** 開放的價值觀，開放的心態，開放的入會方式！

**愛順** 雖然加入的時候很自由，但經營過程可是相當嚴謹。身為國內第一個獨身女性團體，特別想用心地好好經營，為了不讓同心會被世人看扁，我在創立總會時可是費了相當多心思呢。

**珍松** 啊，當時創立總會是不是辦得很盛大？我記得出了很多報導，第一次得知您這號人物後，我最先找來看的就是這則報導。

**愛順** 我那時的想法是得留個紀錄，這樣才能提升能見度。後來在紀念成立一週年的時候，我甚至連諮商委員們也一併邀請出席，在63大廈的宇宙廳舉辦了約兩百人規模的活動。當時雖然獲得了大眾媒體的熱烈迴響，但會員的父母們

對我跟同心會可是討厭到不行（笑）。我在一九九四年曾出過一本叫作《獨身，其無限的自由》（독신, 그 무한한 자유）的書，有人曾問我，讀者在看那本書時，需要瞞著父母躲在被子裡閱讀嗎？特別是女性會不會在看到一半時被逮著正著，接著就被怪罪不結婚都在看這種東西，被狠狠地教訓一頓？（笑）

**珍松** 哇，難道是被當成什麼不正當的書或禁書嗎？不過確實是父母可能會討厭的書，要是躲起來看的話，感覺整本書就會變得更危險了呢。（笑）很多人對於我寫的《不談戀愛的自由》（연애하지 않을 자유）都是這種反應，您那本作品的書名在當時應該算是相當破天荒吧？

**愛順** 唉呦，當時書出版之後，我也老是用信封袋裝著，不敢秀出書名拿著到處跑。像在地下鐵那種公共場合，根本連拿出來都不敢，連作者都這樣了，更何況是其他人？

**珍松** 縱使媒體對同心會有著相當大的興趣，大部分人的反應也都很正面，但會員跟家庭及社會卻還是處於矛盾不斷的關係呢。

**愛順** 是啊，無論是什麼，只要事情跟自己有關，態度似乎就會變得有所不同。會員們在外頭絕不會向他人透露自己是獨身女性團體的會員，也不會承認自己有參加單身聚會，我也沒有跟周遭的人洩漏口風。所以等那些跟我比較要好的朋友或後輩慢半拍知道這件事後，都怪我怎麼沒找她們一起，感到很不是滋味。

**珍松** 感覺有點像是單身女性的祕密集會？

**愛順** 沒錯，就算會員想一起拍張合照，只要一舉起相機，她們為了不在照片上露臉就會立刻鳥獸散，碰到這種時候，大家的速度就飛快呢。

**珍松** 啊，我能在腦海裡勾勒出畫面。（笑）

**愛順** 雖然現在已經能堂堂正正地告訴大家自己是不婚人士，但還是只有那些願意公開的人才會承認。有時候碰到一起獲邀上節目的情況時，我那些不婚的朋友們也還是絕對不願出席。

**珍松** 老師您真的是以一擋百耶，不只接受了很多訪問，您不是還參加過ONSTYLE電視台的《HOT CIDER》嗎？

**愛順** 我並不是每個節目邀約都會答應參加，若節目主旨不合我意就會回絕。沒結婚又不是什麼了不起的事，更何況也不是所有觀眾都喜歡我。《HOT CIDER》那個節目不僅能跟主播、搞笑女藝人對談，還能跟律師、作家、事業家等各行各業的女性們分享諸多故事，我覺得這還蠻有意義的，所以就決定參加了。後來在節目播出近一年後，突然有人打給我說她很開心地把那集看完了，要是參加第四台的節目就得承受可能會接到這種電話的壓力（笑），也因為有這層顧慮的關係，所以第四台的節目邀約幾乎都被我回絕了。

**珍松** 不過要是上了第四台的節目，就能更快速地讓全國的不婚人士明白您奮力前進的決心呢。

**愛順** 唉呦，到時肯定會被各種問題纏身，要不是問我怎麼過生活，不然就是好奇我為何不結婚。如今若不是碰到特別情況，我也不會隨便坦白自己的內心想法。倘若有第一次見面的人問我有幾個孩子，我都一律回答兩個，而且目前住在國外。我已經過了七十年的不婚生活，怎麼可能逢人就介紹自己不婚，忙著應對那些大驚小怪的反應呢？那得在自己還有精力的時候才有辦法，我現在沒辦法了，真的做不到。

**珍松** 面對那些多管閒事的失禮問題該如何避重就輕地帶過，我覺得這一點還蠻重要的。對於那些還沒有準備好要接受與自己不同人生的人，真有必要老實以對嗎？

**愛順** 要是夠熟的話當然就會敞開心房，但無法打從一開始就吐露自己不婚卻也是現實。我們所處的這個社會不是最愛罵那些拒絕對話的人嗎？所以等到變熟後，當我表示自己是不婚人士時，對方都會張大嘴巴地表示大吃一驚，詢問我究竟是怎麼生活到現在的。

**珍松** 其實就只是沒有刻意展現給社會大眾看罷了，事實上我們都過得很好啊，而且確實是有機會能過上好日子的。不過老師您畢竟有在經營同心會，不僅寫過跟獨身有關的書，也接受過訪問，參與過各種不同的活動，因此大家也不知不覺地對您有了些認識，我想請您對那些隱瞞自己不婚身分的人說句鼓勵的話。

**愛順** 我總是對其他不婚人士這麼說道：「你們要抬頭挺胸地活著，難不成你們是犯了什麼罪嗎？」不過好像有很多人在吐露自己的不婚身分後，總會被詢問是不是因為身體或精神上有什麼問題才做出這種選擇，大家似乎是因為這樣才不想公開。以前要是看到女性不結婚，就會認為對方是不是因為不孕才會如此，所以我都教其他人碰到這種情況時就這麼回答：「現在是要我拿診斷書出來給你看嗎？」

**珍松** 「不婚＝不正常」的這種視線實在相當暴力，這全是因為大家習慣性地認為結婚生子才是所謂的「正常家庭」與「正常」所導致，所以大家才會推崇非殘疾人、異性戀者、同人種之間的婚姻型態。老實說，我認為「反正所有人肯定都有不足之處」，因此不婚人士也可能不夠好，但並不能斷言這就是直接導致大家不結婚的原因啊，結了婚的人也不代表一定比不婚的人更優秀或是毫無缺陷可言。

## ．面對那些對於不婚的無禮嘮叨之姿態

**不婚人士碰到年節連休**
**也可以聚在一塊看部電影**
**或借個場地一起打發時間，**
**我覺得這麼做也很有意義。**

**愛順** 對不婚人士來說，逢年過節大概都過得很心不甘情不願吧？打從催婚的閒言閒語到「何時才能讓我們吃上喜麵啊？」、「你以為能永保青春嗎？」、「不要等老了才在搥心肝，趕快趁掉價前把自己嫁出去」等等……總是得不斷聽到這種過分的話對吧？

**珍松** 光聽到您這些例子都讓我打冷顫了，有什麼祕訣能幫助不婚人士安然度過這種年節假期嗎？

**愛順** 由於大家會不斷嘮叨催你結婚，導致讓逢年過節這件事變得倍感壓力。但即便如此，碰到年節的時候還是得在父母跟親戚面前露臉一下，不然以後等到沒這種機會時，就會感受到從未體會過的孤獨。你要是覺得獨自一個人過節很苦悶的話，可以先去借幾本書回來，並限制自己要在多久之內看完，這麼做確實會讓你好過一些。我碰到年節連假的時候都會先選好一、兩本書，立下一定要看完的目標並試著去實踐。即便中秋節不回老家，也一定會趁一年一次的春節回去探望父母，順便讓親戚的嘮叨傷害一下自己。我認為這種行為就跟盡孝沒什麼兩樣，還能順便發些零用錢給姪子姪女們。良好關係就是要靠這種方式維持，要不然除了這種時候之外，也沒什麼機會能跟家人建立紐帶關係。

**珍松** 所以您是認為不婚人士應該也跟家人一起過年過節比較好吧？最近因為不想聽到親戚嘮叨的緣故，有越來越多人不想跟自家人一起過節，反倒是自由自在地出門找人聚會打發時間，我本身也看過好幾次相關的活動。不婚人士聚在一起看電影或閱讀書籍，租借一個空間幾天的時間，好讓大家能一塊度過年節連休，我個人覺得這種方式也挺有意義的。

**愛順** 我也覺得這種聚會很不錯，以前經營同心會的時候，會員們也曾在年節假期時結伴出遊。我們當時租借了一個位在深山裡的地點，盡情地聊天聊個痛快，放聲高歌大玩特玩。不只玩了遊戲，還一起做飯吃，真的非常開心。不過這比較適合中秋佳節，畢竟春節時的天氣太冷了啊。因此哪怕只有春節也好，我都會跟家人一起過，也會去拜訪家中長輩。說到這個，我想建議大家盡可能出席家中的喪事。

**珍松** 不婚的身分會影響到喪事的應對方式嗎？

**愛順** 或許有些人會認為白包的錢往後又收不回來，何必出席這種場合？但身為家庭中的一員，就想成是在遵循該盡的道義，這樣應該也會讓自己過得比較心安理得。

**珍松** 比起覺得錢收不回來，應該是因為無法受到大人的待遇才不想出席。老師之前不是提過您的姊姊們因為您不結婚的關係，就說您可以省略包紅包這道程序嗎？

**愛順** 聽到那些嘮叨話確實會讓人感到壓力很大，但還是有必要出席跟親戚打個照面，想辦法將人際關係維繫好。只要參加個一輪後就能裝蒜了，而且這麼做還能讓其他人發現就算你不結婚也過得很好，得讓這一類的念頭深植在親戚朋友的腦中才行。

**珍松** 看來您認為家人之間的聯繫網很重要，但偶爾也會碰到討厭親戚或家人的情況啊，比方說家暴或虐童的被害人。

**愛順** 這種情況當然就沒辦法參加啊。但除了這種例外，我認為人在最不幸的時候，只有家人會陪伴你到最後一刻。不是有這句話是這麼說的嗎？「幸福的時候有別人在，不幸的時候有家人陪。」人類是社交性動物，就某方面來說應該算是家族性動物吧？如果想在這社會中存活，就不能過得太離群索居。

**珍松** 是的，我也同意人不能過著太被孤立的生活，至於要跟誰保持聯繫的這部分，我跟老師的看法似乎有些出入。您很重視家人之間傳統的緊密感跟和諧的家族氣氛，但我認為要是碰到會對您造成傷害的家人，倒不如就此斷絕關係算了。看是要選擇非傳統的家庭組成模式或是跟其他人形成一個共同體，應該都會來得更好才對。

就算只是一剎那，也有人會因此痛苦不已。不只親戚間的活動，現在要是碰到我不想參加的婚禮，我就會把原本要拿來包紅包的錢花在自己身上。看是要拿去買書、買衣服或吃點美食都好，這麼做會讓人深感愉悅。「好！今天本來該去參加婚禮的，那就穿上漂亮的衣服跟皮鞋，改去其他好地方享受吧！」

**愛順** 但這種做法不會太自我嗎？這算是最近年輕人的文化嗎？

**珍松** 那其實就代表我跟對方的關係並沒有重要到我覺得非出席不可，而不是因為我自己不結婚，捨不得包紅包給別人才不去。如果對方真的是我很珍視的人，那我肯定飛奔而去，跟我自己是不是不婚主義並沒有關係。不過平常不太聯絡，只是特地邀請我出席婚禮，這種意圖也太明顯了吧？這算是我面對這種情況時的對策。

## ・我說了我不結婚

結婚對我來說形同遙遠國度的貨幣，連一次都用不了的那種。我只想守護自己珍視的事物，我不僅沒有能力承擔那些因婚姻而生的義務以及該扮演的角色，也不想與其共存，因此我才會決定不要結婚。有些人會稱呼我為不婚主義者，也有人把我歸類在「N拋世代[1]」，雖然這兩種說法確實與我的狀況雷同，卻也有不一樣的部分。若不婚主義是種「選擇」，那麼放棄結婚就等同「剝奪」。

然而，我們無法輕易地以二分法對不結婚的這種人生型態進行劃分。難道不婚主義者是認為婚後會有什麼遭到剝奪才決定不結婚嗎？拜託，以前甚至都有人在戰亂期間舉辦婚禮了，因為生存競爭及不安現實而飽受折磨的「N拋世代」只不過是決定了什麼對自己更重要，難道這樣就算是「放棄」結婚嗎？

我在自願成為不婚主義者的當下，也是個因為不平等的結婚文化而放棄成為已婚人士的人。雖然我從沒動過結婚的念頭，但要是婚姻能讓我覺得是段「良好」關係的話，搞不好我也會因而起心動念想走入婚姻。總之人生就是如此，總是陷於一種模糊複雜的狀態之中。

有些人一副像是法律禁止他們結婚一樣，堅決選擇不婚；也有人是按照自己人生的優先順序，認為不需要急著結婚，因此仍處於不婚狀態；還有一些人是因為還沒遇到適婚對象，所以選擇當個單身貴族。就因為我很明白背後這些錯綜複雜的因素，所以對於是否自願選擇不婚這件事情不感興趣。在這個對於結婚還無法擁有充分選擇權的現實人生中，硬要區分是不是自願成為不婚主義者這件事根本毫無意義可言。

但面對那些沒有結婚隱身於社會之中的女性，我卻急著想聆聽她們的故事。

1 譯注：意指年輕人為了因應生活困境什麼都能拋棄。

我想知道這些人認為婚姻會搶走自己的哪些東西，又為什麼會這麼想？想知道她們對於隱藏在「天倫之樂」表面下的差別待遇及暴力行為有何看法？很好奇大家對於那些將不婚視為病態，試圖想動用權力加以規範的做法，或是該怎麼以不婚人士身分好好活下去這方面有什麼想法？如今只要不結婚，就會被恐嚇以後將會過得悲慘至極，再加上無論面對哪個長輩都習慣以「伯父」、「伯母」來稱呼對方的社會風氣，處於這種環境之下的我，決定往後的人生都要不斷思考到底要怎麼做才能讓這個社會吃鱉。

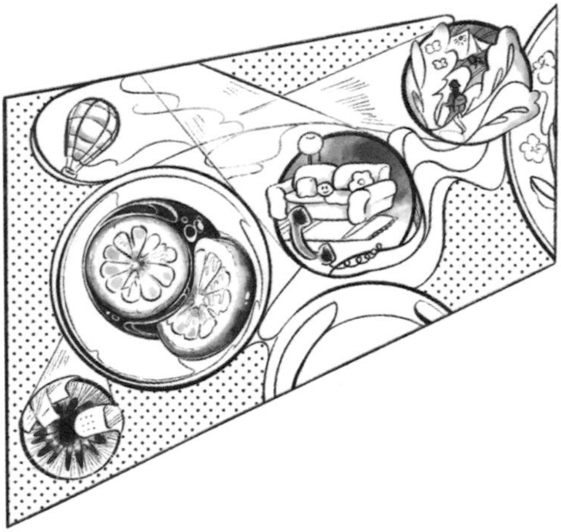

# 第三部

，

就算不結婚也沒關係

## ・出發去旅行吧

**在沒有結婚的情況下，**
**決定旅行事項時確實比較自由。**

**珍松** 不婚女性不是很常相約出去旅行嗎？請問同心會也這麼做過嗎？

**愛順** 無論是一九八〇年代的育親會或一九九〇年代的同心會，所有的旅行都由我一手包辦策劃。旅行結束後等會員們回到家，我還會一一致電問候，雖然很耗時間，但因為大家都是單身女性，所以很擔心是否都有安全到家。

**珍松** 啊，我目前舉辦的聚會就是這種形式。最近不是有通訊軟體或聊天群組這種東西嗎？等大家聚會完分開後，我們會確認彼此是否有安全到家。

**愛順** 確實該這麼做啊，我們得聚在一起彼此照料對方才行。

**珍松** 我還有在舉辦游擊式的聚會，比方說一九八八年出生的屬龍趴或二〇三〇女性主義者送年會這種活動。我會先在社群媒體上以匿名的方式招募參加者，等聚會當天才會實際見到面，開心地玩個一天後再分道揚鑣。雖然沒有像老師您一樣想過要跟好幾個人一起出遊，但確實感到身體發癢呢。請問有什麼旅行地點讓您回味無窮嗎？還是有哪段旅行讓您特別印象深刻？

**愛順** 我跟幾個喜歡爬山的人不僅去過首爾近郊，也遠征過外縣市好幾次，也能回想起曾跟二、三十人一起出發的旅行。有次我們還去了一間位於江原道的瑜珈修練院，當時真的大吃一驚。那裡不僅依山傍水，房間坪數也很寬闊，宿舍裡甚至還備有音響設備。年輕一輩的忙著載歌載舞玩得很開心，都不需要顧慮周遭人的眼光。

**珍松** 原來你們是派對動物的領頭羊！我也很喜歡旅行，但我比較喜歡自己一個人。

**愛順** 但一個人在旅行地點走跳的話，很容易被男人纏上或是成為犯罪目標。如果非得獨自出遊，那我會建議大家可以先各自出發，再約在目的地集合。

**珍松** 在沒有結婚的狀態下，決定旅行事項時確實會比較自由，請問您最近也很常去旅行嗎？

**愛順** 那當然啦，不久前才剛去了一趟，其他旅伴通通都是已婚人士。那些有生兒育女的人在三、四十歲的時候忙著照顧孩子，當她們隨著年齡增長，反而會變得更適合跟不婚人士相處。所以選擇不婚的大家也不需要感到不是滋味，耐心等待吧，慢慢開始就會有人跟你聯絡的。

**珍松** 友情是～會回來的啊～！（大喊）

**愛順** 大家一起去旅行的話，不僅可以對朋友有更深入的理解，也能共享彼此的生活方式。雖然獨自一人的旅行無須顧及他人視線，得以玩得更自在更快活，但要是太過於沉溺於自己的世界，也有可能會因而成為偏執狂。就各種角度而言，我覺得結伴旅行真的很不錯。

## ・就算重新投胎轉世也會選擇不婚

**「你是哪裡不夠好才沒結婚？」**

**「因為我不想結。」**

**珍松** 您在這七十幾年的人生中，有實際感受到大家對於不婚的看法有什麼改變嗎？比方說朋友們的態度是否有所不同。

**愛順** 年輕的時候，朋友聽到這件事都會大吃一驚。已婚的朋友們聚在一起聊老公、聊床第之事，有人看到我默默待在一旁就這麼說了：「誰來幫愛順翻譯一下嘛！」不過我對這種事並不會感到不愉快，畢竟我們的生活環境本來就不同。碰到那類話題時，我會選擇安靜聆聽，等到其他話題出現時，再抓準時機插入話題。年輕時曾有個男同學說，他覺得我的背影看起來很寂寥，接著就講了這麼一句：「金愛順為什麼要自己一個人活得那麼淒涼啊？真是浪費青春。」結果現在我的那群朋友不曉得有多羨慕我呢，在我跟大家說我現在覺得很悠然自得的同時，在場也有人快被一天三餐非得吃好吃滿的老公逼瘋了。

**珍松** 啊，之前《韓國日報》有報導過吧？用了「那些老公退休在家等著吃三餐的老婆們沉痛地表示：『為什麼我就不能屆齡退休呢？』」這種標題。

**愛順** 根據一天在家吃幾頓飯，還能細分成不吃、一餐、兩餐、三餐呢。

**珍松** 有些老公甚至還會要求老婆準備零食，被料理研究家李惠貞（이혜정）形容成是「零食妻寶男」（笑），不過還是有很多人會問您為何不結婚吧？

**愛順** 那當然，曾有人問我是不是曾經被劈腿過才會選擇不結婚，也有人懷疑我是不是太挑剔了才會結不了婚。

**珍松** 意思就是要您把眼光放低一點。

**愛順** 既沒有出現過結婚的念頭，也沒有碰到足以讓我想共度一生的對象是能怎麼辦？難道要勉強過下去嗎？「隨便你們怎麼想吧，反正這可是我堂堂正正做出的決定」，我們得抱持這種磊落的心態才行。要是出現「是因為我不夠好才會結不了婚」這種念頭，就很容易被一些微不足道的話弄得傷痕累累，因此我們需要理直氣壯一點，這樣才能對自己的決定或選擇感到滿足。

**珍松** 我覺得，我們所處的這個社會太容易單憑沒有結婚這個理由就將不婚人士當作茶餘飯後的話題，世人要不是期待我們這些人是因為什麼驚天動地的原因才會沒有結婚，要不然就是試圖對不婚人士的所有行動賦予各種意義，一副很心急想聽到「其實我很想結婚，但是因為還有哪裡不夠好才結不了」這種答案的感覺。

**愛順** 「你到底是哪裡不夠好才會沒結婚？」這個問題就像跳針一樣，老是迴盪在我耳邊，但我的答案總是一樣：「因為我不想結。」

**珍松** 真是個乾脆俐落的回答。大家好像認為只要擁有足夠條件就非得結婚或戀愛不可，但又不願承認不婚女性其實很滿意自己的人生，甚至過得很幸福這點。這個世界上並沒有百分之百完美的人生，這是人類原本就該承擔的瑕疵。我想請老師針對那些認為少了婚姻，人生就會不夠完整的人說句話。

**愛順** 就算我重新投胎轉世也會選擇不結婚。

**珍松** 太棒了。

## ・人生方向與不婚

**我認為在跟不結婚有關的所有討論中都應該增加更多選項才行，無關結婚與否，無論什麼決定都有可能影響一生，應該要朝著顧及到大家的方向發展。**

**珍松** 最近我在閱讀跟不婚有關的論文中看到這個段落：「之所以做出不結婚這個決定，與其說是反駁結婚制度，倒不如說是因為一直以來的人生方向並不需要結婚這個制度。」我個人認為這是個很重要的支點。即便我是因為對結婚制度存疑才決定不結婚，但更大的原因是想堅守目前的生活方式。如果只把重點聚焦在婚姻的問題點，到頭來只會出現「結對婚」或「改善婚姻問題」這種對策，但我認為重點應該擺在不婚其實是多元人生方向的其中一項選擇。自己的人生方向由自己決定，就算選擇了不結婚，也不該因而獲得差別待遇或遭到施壓，很希望我們能活在這種世界上。

**愛順** 就像是我明明不需要，但門外漢卻一直嚷嚷著「不不不，你得擁有這個才行」的感覺。

**珍松** 根據老師的生活經驗，您覺得有什麼是不婚才能做出的好選擇呢？

**愛順** 一直以來我都是將幸福擺在第一順位，如果要做到這點，就得搞清楚幸福對自己而言究竟有何意義。結了婚的朋友滿口孩子經，忙著跟大家分享生兒育女的事情，不然就是在炫耀老公送了她什麼好東西，但我對這些事情卻一點都不感到羨慕。對我來說，所謂的幸福並不是這種瑣碎的獎勵，而是日常生活中所能體會到的安定感，以及長時間積累下來的滿足與喜悅，所以我平常很專注於那些能讓我產生這種感受的事情。

**珍松** 仔細思索自身的幸福究竟為何，將能讓自己感受到幸福的事情放在優先順位，不婚人士似乎就是透過這些選擇進而構築出自己的樣貌。在如此多采多姿的幸福之中，找到能有效讓自己感受到愉快的那些，也不需要跟他人的幸福相比，我覺得這點相當重要。似乎得經過長時間的淬鍊才有辦法真正成為一個擺脫世俗基準而活的人，就像練肌肉一樣。

**愛順** 雖然我偶爾也會羨慕結婚所帶來的一些優點，但也僅止於此。要是過於羨慕的話，我應該就沒辦法獨自一人過到現在了。

**珍松** 就是因為結婚所帶來的幸福並不是您所追求的，所以才能讓您對自己的人生方向感到更為篤定吧。普羅大眾所言及的那種結婚成家的幸福，也許並不適用在所有人身上。

**愛順** 我有個朋友也選擇了不婚，她不只會畫畫還跑去學了裁縫，現在甚至還會修補衣服，持續地讓那些新興趣變得更上手。那種想要不斷學習新事物並享受新興趣的個性也許就是導致不婚的原因，另一方面也成為我們想好好過生活的原動力。「人生方向」這個詞乍聽之下也許有點艱難，但到頭來就只是攸關於自己該如何決定生活方式的問題而已。

**珍松** 沉浸於興趣之中的女性在結婚市場裡不是很常遭人詬病嗎？這讓我認為在跟不結婚有關的所有討論中都應該增加更多選項才行。無關結婚與否，無論什麼決定都有可能影響女性的一生，我們應該朝著盡可能顧及到大家的方向發展。認為不婚族只是因為「不想承受結婚帶來的痛苦」才下定決心不婚的這種觀點實在是過於狹隘，這是因為世人只顧著討論要如何避免讓自己痛苦，而不是想試著解決那份痛苦，或是找出其根本的原因才會造成這種現象。這種做法就像是拿著大家的幸福或人生來秤斤論兩，或是加以排名的感覺。已婚女性因為結婚的關係就得被迫跟被害人跟不幸這兩者畫上等號，我個人對於這種他者化的評判方式是持反對意見的。無論結婚與否，都只是為了實踐自身價值觀而做出的選擇。

**愛順** 如果拿掉互相比較這部分，光就滿足度而言的話，搞不好我下輩子也還是會繼續過著不婚生活呢。

**珍松**

就算再次投胎轉世，我還是會選擇不結婚。

## ・孤獨死的恐怖，以及與「自己」的告別之間

**我決定不舉行葬禮，**
**反正死後根本一無所知，**
**在隻身一人的情況下，**
**就別再爭取他人關注了吧。**

**珍松** 人只要一提到自己不結婚，最常言及的就是人生最後一程，也就是所謂的死亡跟後事這部分。老實說我現在還沒有太大感覺，但我們國家在舉行葬禮時，有沒有男人在場是很重要的，畢竟大多是由男性負責喪主的角色。我朋友是獨生女，她總是很擔心自己在父母離開後是否能處理好喪葬事宜。要是沒有結婚

的話，會不會在喪主這部分碰到難關呢？對於這類事情感到相當苦惱。

**愛順** 有些沒有兄弟姊妹的人在父母過世後，在周遭找不到同伴能幫忙的情況下，就會想著要自己處理一切的喪葬事宜，千萬不要這樣。葬禮可是家裡的大事來著，肯定可以找到能提供你建言的人，要是真的覺得很不安，也可以事先做點準備功課。

**珍松** 聽說您已經透過福祉社聯絡網的協助，預先安排好人生最後一程的處理方式，想請問您之後有什麼計畫呢？之前有個母親在兒子入伍期間過世，她在得知自己罹癌後就很認真地勤上教會，等到她過世之後，大家才發現那位母親在兒子當兵期間已經先行請託教會友人幫忙處理葬禮事宜，老師您有因為這方面的苦惱而加入什麼社群嗎？

**愛順** 我決定不舉行葬禮，反正死了就結束啦。不管誰有來沒來，死了的我根本一無所知，在隻身一人的情況下，就別再爭取他人關注了吧。

**珍松** 您的作風實在是太酷了。（笑）但葬禮並不是只跟您一人有關，也得為了那些跟您有關係或是想將您留在記憶之中的人而舉辦啊，那些人應該需要一些哀悼及追思的時間吧？

**愛順** 會來參加我葬禮的人也都上了年紀，年紀大的人其實不太出席這種場合，畢竟自己離死亡已經不遠，像我也不太喜歡參加別人葬禮。

**珍松** 提到葬禮就不覺得置身事外呢。

**愛順** 是啊，雖然嘴上說著不想參加，但如果是很要好的朋友，還是免不了得出席。我是真的不想造成別人負擔才決定不要舉辦葬禮。我在二十四年前出版的第一本書《獨身，其無限的自由》的出版紀念會上，決定將自己的器官跟屍體全都捐贈出去，當時眼角膜的捐獻上限年齡原本是八十三歲，但後來金壽煥（김수환）樞機主教在八十六歲離世時成功地捐出了眼角膜，那我應該也沒問題吧？

**珍松** 現在只要滿十九歲，沒有眼角膜疾病的話就能捐贈，並沒有年齡上限。那您是在那場出版紀念會上決定不舉行葬禮的嗎？

**愛順** 當時只是做了初步決定，直到最近才有了完整構思。把這件事告訴姪子們之後，在四年前才終於確定要這麼做。等我死了之後，先把我的屍體送至醫院，等到兩、三天後再一一跟我手機通訊錄裡的人聯絡，將訃聞的消息通知大家，並告知所有程序都已經告一段落。

**珍松** 如果是我自己的話，似乎無傷大雅，但若是以這種方式知道親近好友的訃聞，我好像會覺得很難過呢。最近也有不少人認為不婚人士之間應該要「幫彼此送終」。

**愛順** 我以前也是這麼想的。但隨著年齡增長，現在周遭的朋友都已經快八十歲了，哪有辦法請這些人在太平間門口或殯葬場地前守著我呢？那只會搞得大家全身痠痛而已，如果有孩子或親戚的話也許還能考慮，但我實在無法將這種苦差事託付給朋友處理。

**珍松** 在現實層面這部分果然有執行上的困難，不過會想念您的人不只有家人啊，畢竟關係並不只限於血緣跟家人之間。

**愛順** 可能是因為我們婚喪喜慶這種場合大多只是為了做給別人看，才會讓我有這種想法吧。我剛剛突然想到以前有個學姐去參加了自己好朋友的葬禮，回來之後她是這麼跟我說的：「我朋友的弟弟一個人孤伶伶地站在那裡好可憐啊。」她朋友的弟弟並沒有結婚，而她當時說的那句話無意中對我造成了非常大的影響，我最不樂見別人認為我的最後一程走得非常苦澀。

**珍松** 在自己深愛的人離開後，待在喪家的期間真的會很強烈感受到那股苦悶，只要是人類，碰到這種狀況應該都會希望能有個人陪在身旁。但無論發生什麼大事，能彼此依賴的關係並不侷限於結婚跟生產這兩者，我很希望世人能盡快擺脫這種認知。大概是因為您周遭沒有人給您壓力，所以才能如此豁達吧？

**愛順** 豁達的部分也有，但我對這件事已經放下了。我之前決定要捐出屍體，而屍體通常在捐贈二至三年後，要不是把屍體歸還給家族，不然就是直接火葬。我已經決定要在老家祖墳附近進行樹木葬，就連要埋在哪棵樹旁都已經決定好了，我認為這才是最好的辦法。在我死後，不需要有人來幫我上墳祭拜，就目前這個世道來看，連自己的親生子女都不一定會去幫父母掃墓了，所以我不想占據那一小塊土地，而是決定進行樹木葬。

**珍松** 您剛才有提到不想讓別人覺得很淒涼，也不想替周遭人士添麻煩，那您是否有考慮過完全不同形式的告別式呢？不是選擇醫院那種制式化的葬禮，而是準備好費用跟空間，讓朋友們聚在一起吃頓飯，採取稍微私密一點的方式。

**愛順** 這部分的意見大概是因人而異，你提到的這種想法也很有意思。但認識我的人無論是個性、年齡或所處的圈子都不一樣啊，就算表面上都是我的朋友，但要讓各式各樣的人齊聚一堂，還真不曉得會是什麼氛圍呢……

**珍松** 「你們給我坐在這裡看著對方，帶著笑容享用飯菜。」像這樣留句遺言給那些相處尷尬的人怎麼樣？這樣一來，那些人在用餐的時候應該也會互看眼色，就算吃到一半開罵也能順利和解吧？雖然這些都只是出於我的想像，但在《陽光姐妹淘》這部電影作品中就有演出相似的情節呢。

**愛順** 那部我也有看，但我實在是沒辦法強迫大家出席這種場合。

**珍松** 那無論是哪種形式的葬禮或告別式，您都是抱持揚棄的態度嗎？

**愛順** 因為人死掉之後就結束了啊。我有個姪子聽完我這麼說後表示：「我們哪有辦法丟下阿姨不管啊？」我一直都覺得幫父母舉行葬禮也許是種義務，但這個世界上絕對不會有人樂於幫親戚處理葬禮事宜，不過看起來只是我自己在胡思亂想。

**珍松** 今天老師也仍舊是酷勁十足，但畢竟不是任何人都能像老師一樣這麼乾脆……對於那些過著獨居生活的不婚人士或是無親無故之人，我認為應該要制定相關制度，好讓這些人能在人生的最後得以擁有最小程度的人道禮遇。

## ・我的年紀又如何？

**大家普遍會認為我這個年紀的女人已經有老公，**
**或是已經為人母，**
**所以不管是衣服的設計或配色，**
**感覺都很千篇一律。**

**珍松** 我以前曾經看過有個人對著一個女人說：「你長得就跟老處女沒兩樣。」對方指的是那位女性的一頭長髮及衣著打扮給人這種感覺。平常去購物的時候，店員不是都會稱呼某個特定年齡層的長輩為伯母或大嬸嗎？老師您是否也很常碰到這種狀況？

**愛順** 我對這種情況早就已經感到超脫啦，有些初次見面的人甚至會問我有幾個孩子呢，我一概都回答他們我的孩子住在國外。

**珍松** 隨著被當成「伯母」或「大嬸」之際，也會開始出現一些限制。拿穿著打扮來舉例的話，譬如「有家室的女人穿成這樣成何體統」、「一個大嬸怎麼會打扮成那樣」，這種話就老是讓人不得不在意啊。我們這個社會總是會認為某個特定年齡層的女性已經結婚有家室、膝下已有子女，進而形成一種相當不自在的偏見跟制約。年齡不過才三字頭的我，穿著帽T配運動鞋，再搭個背包出門，偶爾也會碰到覺得我這麼穿並不恰當的人。老實說，我以前也沒有想過自己現在會是這個樣子，畢竟報章雜誌呈現的三字頭女性，要不是職業女性，不然就是結了婚，穿著打扮變得很「媳婦」的樣子。我覺得就是因為世人對生活方式的成見，間接導致個人穿搭也出現了限制或強迫的念頭。

**愛順** 我買衣服的時候也有這種感受。大家普遍會認為我這個年紀的女人已經有老公，或是已經為人母，所以不管是衣服的設計或配色，感覺都很千篇一律。我在你這年紀時碰到的情況更誇張呢，相較之下，最近起碼還有比較多的款式能選擇。

**珍松** 我也覺得中年女性的衣服設計開發有點止步不前，大概是基於認為女性的衣著打扮是為了「吸引男性」或「讓自己更有魅力」這種成見才會發生這種狀況吧。這麼一來，以特定年齡層以上的女性為客群的服裝設計，相對來說當然也會更缺乏多樣性啊。

**愛順** 我很討厭大家認為人到了某個年齡就該怎麼穿的這種想法，應該是要配合我的喜好才對吧？我也想按照自己追求的穿搭風格去打扮啊。

**珍松** 其實這點才是最重要的，比起有沒有結婚，應該要考量跟自己合不合適。以各年齡層跟身分的穿著打扮來說，我們國家的限制可說是特別多。我有次在夏天搭計程車的時候，計程車司機跟我說：「小姐，你這麼穿會嫁不出去的。」當時因為天氣太熱，我穿了比較薄的透視裝，後來覺得那個狀況實在是太搞笑了，所以我就回司機說：「我已經嫁人了，而且還有兩個小孩耶。」結果他卻回我：「那你老公怎麼不念一下你？」

**愛順** 以已婚的立場來說，穿搭或化妝要是不合老公的意，就很難按照自己的喜好進行打扮。

**珍松** 有些人會因為不喜歡對方的穿著打扮，進而影響對那個人品行操守的看法，或是因為對方穿搭不符合自己喜好就隨意顯示出厭惡之情，我們這個社會大部分都帶著歧視的眼光在看待女性的穿搭。

**愛順** 這點我也同意，我自己也很常為了不被人挑毛病而費心打扮，比方說會考慮出席的場合，看看是否該穿得得體一點。之前我曾看過有個未婚男性穿著原色系的服裝去參加葬禮，結果周遭人不斷對他議論紛紛，認為他是因為沒結婚不懂才會這樣穿。

**珍松** 但這比起不婚，應該是基於他個人的喜好吧？

**愛順** 雖然是這麼說沒錯，但當時周遭的人確實是因為他沒有老婆才那麼說，目前這個社會就是如此啊，把單身漢跟衣衫襤褸畫上等號。對男性來說，老婆就像是設計師的角色，不只會幫忙燙衣服，還會把衣服洗得一乾二淨。

**珍松** 啊，我想我懂您的意思了，您是指大家看待未婚男性跟女性時的視線並不一樣這件事對吧？世人看到不婚男性會認為他們應該要找個能照顧他們的老婆，要是他們有那裡不夠好，就會先歸因於他沒有娶老婆的緣故。反過來說，今天如果有哪個不婚女性不夠好，大家就會覺得「她這樣要怎麼嫁人啊？」直接被視為是不夠格的存在。結果那位男性不得體（？）的穿搭風格就這麼被人以這種成見進行分析了呢。

**愛順** 沒錯，以前要是有男人穿著皺巴巴的衣服出門，老婆肯定會挨罵，大部分的人認為可以從老公的衣著打扮看出老婆的穿搭品味。

**珍松** 這點到現在也還是老樣子啊。最近觀察類型的綜藝節目很受歡迎，有的還會邀請父母上節目觀看孩子的影片並做出評論，我每次看到那種節目，特別是有年紀比較大的男性出演者時，他們的父母總是會在節目裡高談闊論地表示結婚才是唯一的正確答案，認為需要找個人來幫他們的兒子處理家務事才行。在我眼裡，他們那番話的意思就像是得趕快找個媳婦來「拯救」他們寶貝兒子「亂七八糟」的生活。

**愛順** 我平常只要費心照顧自己就行了呢。

**珍松** 話說這件事也讓我覺得有點恐怖，對於沒有結婚的女人來說，總是有種壓迫感，好像非得做些什麼才能向別人證明自己並不是因為「哪裡不夠好」才結不了婚。那些強調「華麗單身」的行銷話術也是針對這種不安感應運而生，就像是得用魅力包裝自己，向大家證明自己是「自願」處於不婚或不戀愛的狀態才行。雖然這是一種社會灌輸給我們的意識形態，但其實我自己內心也有這種想法。目前這個消費社會傾向將已婚女性視為不再需要打扮的「潑辣大嬸」，身為一個不結婚的女人，對於自己可能也會被視為所謂的「潑辣大嬸」這件事而感到惴惴不安，其實這也就代表「大嬸」這個單字帶有的明顯蔑視及厭女感已經深植我心。老實說我對此感到很羞恥，因此也更認為這是個需要腦力激盪好好思考的問題。

**愛順** 不要太在意別人的視線會比較好喔。

**珍松** 嗚嗚，前輩，我要走的路還很遠呢。

## ・餵飽「自己」這件事

**準備飯菜的這段勞動時間，**
**完全是為了要好好犒賞並照顧自己，**
**只要當作是把這段時間投資在自己身上就行了。**

**珍松** 隨著近期誕生的「一人家庭」這個新概念以及雙薪家庭變得越來越多，料理跟用餐文化似乎也出現了改變，整體來說變得方便很多。不過，對於完全沒有經歷過這種時期的您來說，心裡是否會有種恍如隔世的感受呢？

**愛順** 以前就連市場也找不到販售小菜的店家，因為沒有人在賣做好的料理，所以一律得自己做來吃才行。有時買了太多食材怕浪費，只好準備很大份量，但是自己一個人又吃不完。到頭來反而導致獨居人士的家裡出現更多廚餘這種奇特現象。有次我因為擔心東西吃不完要丟掉很浪費，就請店家少給我一點，結果還聽到對方說我花招百出，畢竟大家在一般情況下都只會請店家多給一些。是說我也曾扔掉不少食物。

**珍松** 最近市面上推出很多碗裝食物，比方說杯飯、湯飯或蓋飯這種形式。另外也有很多介紹這類餐點做法的食譜，不僅做法方便，洗碗量也大幅減少。

**愛順** 煮個飯再配上三分鐘即食料理剛剛好，以前可沒這種產品，要是不會做菜就只能在白飯上淋個醬油、放塊乳瑪琳奶油一起拌著吃。每次碰到想吃咖哩或炸醬的時候都得煮一大鍋，只要一想到這件事就覺得現在很幸福。而且過去我一定都會親手醃泡菜，完全沒有想過能在市場買到現成品，最近甚至還能買到一餐量的湯品，真的是相當方便。

**珍松** 過去不只沒有這種即食產品，就連點餐外送的系統也不普及，感覺真的會很辛苦。就算是為了方便，也沒辦法天天都吃「醬油奶油飯」啊……

**愛順** 為了營養著想，感覺應該要多吃點野菜才對，但處理過程卻相當繁瑣。不僅要切要洗，川燙過後還得製作醬料，接著再看是要熱炒還是涼拌。雖然大家都把這統稱是手藝來著，但手藝這回事其實也不是另一門學問，重點在於調味要抓得精準。

**珍松** 我覺得野菜算是在韓餐之中特別困難的領域，不僅料理方式各有不同，甚至很快就會餿掉。我個人認為韓式料理很不適合不婚人士這種一人家庭，像野菜這種食物，就連份量也很難控制啊。

**愛順** 你說得對，對不婚人士來說，吃麵包確實比煮飯還方便。但畢竟還是有很多韓國人從小吃著媽媽做的韓餐長大，特別是我這個年齡層的人更是如此。

**珍松** 沒錯，我也喜歡吃飯。不過成天過著只吃麵包的日子好像真的很方便。我去國外當交換學生時，甚至還帶著飯鍋一起去，那時候的義大利友人只要烤個麵包、沖杯咖啡就能搞定早餐，我卻還要做飯煮湯，甚至還得做個蒸蛋才夠，朋友們都開玩笑說我打從一早就在辦派對。若按照老師的看法，您覺得不婚人士最愛用的小物或發明是哪一種呢？

**愛順** 我覺得是「小菜店」，隨手挑個幾樣買回家就能再撐一週。有了泡菜、醬黑豆、鯷魚這些基本小菜後，還得注意營養均衡才行，所以再另外煮個湯，配上這些小菜就是相當豐盛的一桌。將小菜買回家後，只要再煮個飯就行了，所謂的「家常便飯」並不難呀，不只做飯變得很簡單，還能順便省錢。當腦海中浮現出想吃的小菜，只要想著待會就能享用到，不只讓人感到心情絕佳，還能賦予人在家做飯的動機，最近不是也會販售那些做好的菜餚嗎？

**珍松** 我個人覺得先將白飯冷凍起來，之後有需要再解凍的做法相當方便，這都是多虧了微波爐、冷凍庫跟保鮮盒的幫忙。聽說最近市面上甚至還推出剛好可以裝入一碗飯的冷凍覆熱專用容器，如果直接裝在那個容器裡微波的話，米飯甚至還能保持濕潤口感。

**愛順** 沒錯，那個真的很好用。不過家裡另外準備一點即食米飯也很方便，如果要在家裡做菜，就算只需要煮米飯也仍舊需要一些事前準備，因此得稍微勤快一點才行。

**珍松** 我們的飲食文化更偏重家庭中心主義或團體主義，是吧？只要餐點出自女性之手，就會被包裝成「媽媽的心意」或「老婆的誠意」這種感覺。之前有家小菜公司推出媳婦背著婆婆偷偷購入小菜的廣告後，飽受大家批評。要是我在購物台看到有人打著「可當爸爸下酒菜或孩子們的零食」這種名號，我甚至會自顧自地對電視回嘴，「偏不要～我偏要拿來當自己的下酒菜怎樣！」不過不婚女性準備飯菜的這段勞動時間，完全是為了要好好犒賞並照顧自己，只要當作是把這段時間投資在自己身上就行了。無論是要動手做或買回家吃都好，試著慢慢地將飲食生活填滿即可。

**愛順** 由於物價飆漲，考量到付出的努力跟時間、食材費用等因素，我會建議大家還是買來吃比較好，所以我小菜也都是跟別人買的。

**珍松** 整體來說，有很多人認為我們對於飲食文化的定義及感受性都應該有所改變。比方說大家更傾向將「媽媽」做的菜、不添加人工調味、比較高格調的料理當成所謂的「家常菜」，但我倒覺得這更像是不合時宜的幻想。目前二、三十歲這個年齡層的人，大部分都是在家長負責家中所有經濟活動的環境下長大，再加上對速食跟半成品料理很熟悉的緣故，因此對於媒體上所強調的「家常菜」其實感受不到什麼鄉愁，起不了共鳴。

**愛順** 「哪還有什麼別的家常菜呢？在家裡吃的就叫家常菜。」這句不是某家小菜外送公司廣告裡的台詞嗎？言下之意也就是家裡是個休憩處，而不是讓人拿來做菜的地方。我其實也沒有那麼愛做菜，但要如何才能最有效率地在家裡享用一餐，這個方法因人而異。我是希望大家都能好好做出調整，找到自己的答案。偶爾也該準備一下美食好好慰勞自己的身體，把健康照顧好啊。

**珍松** 那您認為在家吃飯跟外食的比例大概要怎麼控制比較好？

**愛順** 只要按照自己的情況下去調整即可。如果每逢用餐時間你人都在外面的話，那就買來吃就好，找出最適合自己的比例就行了。有必要特別為了吃頓家常菜而刻意忍住飢餓撐到回家再吃嗎？明明只要買來吃就能輕鬆解決的事情，就算只是隨便吃個餃子或幾塊紫菜飯捲都沒問題，不是有人說晚餐要吃得像乞丐一樣嗎？睡前要是過於暴飲暴食的話，會變笨的。

**珍松** 但我昨天晚餐吃了很多耶，不對，其實我每天都吃很多……該不會已經變笨了吧？！（笑）

## ・只有一個人也能吃香喝辣過得很好

**得小心因為用餐時間不規律而導致的腸胃疾病，一個人生活得更注意身體健康，要努力照顧自己才行。**

**珍松** 我曾聽別人說「一個人吃飯是社會性自閉症」，我們的飲食文化就是以家庭跟團體為重。直至目前為止，還是有人覺得獨自吃飯是很孤獨淒涼的舉動，對於一個人好好吃飯這件事，您有什麼祕訣可以傳授給大家嗎？

**愛順** 大家不妨熟悉一下只要食材美味就能做出的簡單菜色，比方說像豬肉泡菜湯之類的，這種料理只要泡菜好吃就搞定了啊，再加上泡菜本身已經經過好幾道醬料調味過，所以也不需要再另外熬湯頭。另外，薺菜湯也很不錯，春天只要買到薺菜就能很輕鬆地煮出這道湯。

**珍松** 韓國料理的特色就是得擺出好幾道菜才會顯得氣派，但大家不妨就想成是在做精緻料理，菜色越少，料理過程越簡便，也能順便兼顧到用餐品質。

**愛順** 煮薺菜湯的時候不要全部都只放薺菜，稍微加點酸泡菜提味會更好吃，艾草湯也是一樣，只要加點泡菜就能提升整體的鹹香味。並不是把所有美味的食材加進去就會好吃，家常料理做著做著就會有自己的一套祕訣啊，看看現有的食材有什麼，加點這個放點那個，找出符合自己口味的搭配就算是會做菜了。

**珍松** 難道不是因為老師您本身就有基本的料理常識嗎？對不會做菜的人來說，最困難的就是這點呢。「加點這個放點那個後，再恰當地熬出味道」，對他們來說根本就是達不到的境界，加入各種食材後只會做出廚餘而已，太悲傷了。

**愛順** 也是有人能照著料理書裡的食譜做出好吃的餐點啊，真的不行的話就不要勉強自己，直接買來吃吧。

**珍松** 沒錯，不需要人人都成為主廚。但我覺得用照片幫每一餐做個紀錄也是個不錯的辦法，畢竟現在大家都有智慧型手機，拍照記錄變得相當容易，我到底吃了什麼，做了哪些料理？要是能把這些拍下來的話，就算一個人吃飯也能更重視擺盤跟營養均衡。碰到不曉得要準備什麼小菜的時候，稍微看一下照片就能想起哪一樣味道不錯，這樣在挑選菜單的時候也會更方便。

**愛順** 自己一個人生活，有時餓的時候會放任自己餓肚子，等到吃飯的時候再猛吃一頓，所以有不少人都因此患上腸胃疾病，大家得特別注意這種情況才行。吃飯時間務必要保持規律，無論是外食或在家吃飯都一樣，一個人生活得更注意身體健康，要努力照顧自己才行。

**珍松** 不過一個人住能吃的東西不是很有限嗎？有很多餐點都是最低兩人份起跳，我之前在看tvN電視劇《一起吃飯吧》的時候，裡面演到女主角為了吃到一個人吃不了的辣燉海鮮，甚至不惜參加相親也要吃到，您沒有為了美食而特地找人一起去吃的經驗嗎？

**愛順** 我在吃的這方面比較淡然。再說，若碰到突然想吃什麼的情況，要臨時找到朋友陪也不容易啊。如果真有什麼想吃的，我通常都會忍住，只要找一些能獨自享用的餐點就行了。

**珍松** 想吃的時候就忍住，所謂的真理果然都很平凡，但因為很難遵守，所以我今天大概又做不到了。對了，我念大學的時候，前輩們有組過一個叫「地居」的社團，是「地區居民」的簡稱，是個大家會定期聚在一起吃蔬果的團體。裡面的成員都是跟人合宿過著自炊生活的人，大家在買蔬果的時候，常會碰到量太多吃不完的情況，所以就決定各自買自己想吃的，再拿出來一起分享。

**愛順** 這方法很不錯呢，也能照顧到營養均衡。還有，想吃美食的時候就得吃啊，只要有哪家店被我發現很好吃的話，我就會很常上門光顧，三五好友們一起探訪美食餐廳也很棒。

**珍松** 不管是在家吃或外食，都要勤奮地注意到營養跟美味是否有保持均衡。根據統計數據指出，一個人住或獨自吃飯對健康是有害的，但問題根本不是出在不婚或一人家庭，而是大家對自己的用餐方式夠不夠用心。要是有人認為不婚人士的形象跟「落魄彆扭地獨自用餐」畫上等號的話，我得叫他們轉頭看看您才行。

## ・「獨自用餐」如何？要怎麼吃才會美味？

**大家一起吃飯被視為是一種富有感情、**
**可以反映出傳統價值的文化，**
**導致一個人吃飯就被當成是悲傷現代人的象徵，**
**怎麼會變成這樣呢？**

**珍松** 老師您有嘗試一個人在外面吃飯過嗎？

**愛順** 如果有必要獨自在外用餐的話就會。我年輕的時候是絕對不會自己一個人吃飯的，就算碰到出差也寧願挨餓等到回家再吃。不然很怕會被當成是離家出走的人，但現在就算一個人也會外食。

**珍松** 看來過去確實沒有什麼人會獨自在外用餐，以前也沒有超商這種地方能讓大家簡單充飢，感覺很不方便。

**愛順** 幾乎沒有那種地方，一個人吃飯很容易被別人誤以為是心事重重。再加上過去那個年代，女主內的形象可以說是根深蒂固，女性主要都是待在家處理家務，所以幾乎沒有需要獨自在外吃飯的情況，即便是職場女性也很少碰到這種情形。

**珍松** 那請問您年輕時有試著獨自在外面用餐嗎？

**愛順** 沒有機會讓我嘗試呢，畢竟最近還有超商這種能讓人獨自解決一餐的地方啊，裡面不只有賣飯捲，還有便當、沙拉等等，品項很多。就年輕人獨自生活的條件來說，已經好轉了許多。不僅輕食跟外送的選擇多不勝數，甚至連家常菜也能幫忙外送不是嗎？最近還能跟送養樂多的人訂購小菜或調理包呢。

**珍松** 在我二十出頭，「獨酒」、「獨食」這種說法還沒出現之前，獨自用餐這回事對我來說就已是家常便飯。所以我是這麼想的，會不會是因為我當時年紀還小，反而能不去在意他人的視線，獨自在餐廳用餐呢？搞不好等我有了年紀後就會覺得尷尬不自在，畢竟我們對於上了年紀的女性獨自在外用餐這件事仍感到相當陌生，不過您反而是隨著年紀增長變得更自由自在了呢。

**愛順** 上了年紀之後反而比較不會對這種事感到害臊，最近不是還有「家常菜宅配服務」嗎？對方會準備好家常料理，打包後再送到府上。把那些料理擺到餐桌上後就跟直接做的沒什麼兩樣，所以就算不想做飯，也不用非得到餐廳點菜就能吃到。

**珍松** 無論是一個人在家吃飯的全職家庭主婦或是工作時間跟別人不同的人，其實獨自用餐的人真的為數不少。不過最近世人看待這件事的眼光及談論內容似乎有點奇怪，大家一起吃飯被視為是一種富有感情、可以反映出傳統價值的文化，導致一個人吃飯就被當成是悲傷現代人的象徵，怎麼會變成這樣呢……

**愛順** 這到底有什麼好悲傷的？碰到餐廳沒有一個人的位置，不願意收我們這種客人，吃不到美食的時候才該悲傷吧？不過最近餐廳多了很多單人桌，以前連小桌子也幾乎看不到，所以要是挑餐廳繁忙的時候獨自去用餐，就很容易碰到要看人眼色的情況。

**珍松** 我偶爾也會覺得自己並沒有拋開成見，以前在餐廳吃飯時，曾看到跟老師差不多年紀的人獨自前去用餐。那家店主要都是單人桌，再加上賣的是外國菜，所以我也下意識地認為那是家只有「學生」才會造訪的餐廳，所以當時覺得那個畫面很新奇。希望我們的用餐文化也能朝著無論是誰，不管在哪都能自在用餐的方向發展。像即食辣炒年糕或生菜包肉那種原本不可能單賣一人份的餐點，現在也有越來越多餐廳推出一人份的服務了呢。

## ・我一個人也過得很「好」

**只要有個能讓自己感到自在的空間就好，一個人住不需要擁有兩個房間。**

**珍松** 請問老師是否能簡述一下目前的住居型態？

**愛順** 我已經住了二十年單人房了，是我自己的房子。在那之前是住在全租的大客房裡，裡面隔了兩個房間，雖然當時也是一個人住，但比現在還要不方便，管理起來很不容易。

**珍松** 那您都待在同一個地方沒有搬家，住了很長一段時間對吧？

**愛順** 房子這種地方只要住起來舒服自在就行了，就算房子再小，搬家都是椿麻煩事啊。

**珍松** 再怎麼說也只有一個人住，住在管理方便的小房子是不是比較好？但我還是想住在比較寬闊一點的空間呢。

**愛順** 只要有個能讓自己感到自在的空間就好。我不太會帶客人回來，親戚就算來首爾也不會找獨居人士的房子借宿，所以一個人住不需要擁有兩個房間。以前我住在有兩個房間的房子時，曾經遭過一次小偷，小偷一開始躲在平時大門深鎖的房裡，後來突然衝出來拔腿就逃。經歷過那件事後，後來我只要下班回家就總是會覺得又會有人從那間房裡衝出來，實在是非常害怕。相較之下，住在單人房就能將整個空間盡收眼底，真的讓人安心不少，況且費用也比較便宜。就算是坪數最小、有兩個房間的公寓，房租也比單人房還高呢。就獨居的經濟狀況來說，即便選擇單人房，也還是有很多人過得相當拮据。

**珍松** 找房子還有什麼需要注意的事項嗎？您剛提到的空間大小跟租金好像是最重要的。

**愛順** 不婚的獨居人士通常會選擇月繳租金的方式，房東也偏好將房子租給一個人住的房客，感覺會比較重視乾淨。再加上沒有家人同住的關係，也不會吵吵鬧鬧，整體條件確實好上許多。雖然最近沒有太多全稅屋[2]的選擇，但我還是建議以全稅屋為目標會比較好，先多存一點錢，到時再用貸款的方式幫忙繳款。最近的月租實在是過於高昂，領完薪水繳完房租不就所剩無幾了嗎？搞到最後甚至連錢也存不了，往後要是突然碰到財務問題，就會導致無力對應。所有的風險都得原封不動地由自己承擔才行，因此得在負擔得起的額度內盡可能減少支出。

**珍松** 這點我也深有同感，雖然要存到一筆大錢並非易事，但獨居女性確實該考慮備有一筆「安全費用」。光是觀察房地產業者的做法也能略知一二，他們總是會推薦三樓以上、有安裝門卡裝置的玄關、位在大馬路旁的房子給獨居女性。再怎麼說，大部分租金便宜的房子的保全措施也會比較不足。

**愛順** 這點無論是過去或現在都是一樣的，女生一個人住就該避開偏遠地區才行，像地下室或頂樓加蓋這種地方對獨居女性來說也是有一定的安全問題。在我一個人住的期間，也曾遇到不少心驚膽跳的狀況呢。另外，也得注意一下周遭是不是有便民設施跟醫院，特別是醫院，自己一個人住要是突然不舒服，很難去太遠的地方。

**珍松** 我住在大學學區附近很長一段時間，雖然租金比較高昂，但還是很難決定搬離那裡，畢竟朋友跟認識的人都在附近，住起來覺得安心不少。大家都住在彼此只要一有什麼事就能盡快趕過來的距離。

**愛順** 在沒有家人同住的情況下，這真的能成為一種依賴，只不過隨著年紀增長，這件事也變得越來越不容易，畢竟朋友都紛紛結婚並四散在全國各地。

**珍松** 嗯，確實會變成這樣。這麼一想，我也有不少已經結婚搬到外縣市的朋友。

**愛順** 如果是自己一個人住的話，就需要跟鄰居或房東保持良好關係才行，

2 譯注：按照房東要求的金額一次性地將押金繳清，每個月不需額外繳月租的租金方式。

這樣就算突然碰到不舒服需要叫救護車，或是在醫院裡發現有什麼需要的時候，也才有人可以拜託。

**珍松** 我有點好奇您在找房子時有沒有碰到什麼難關呢，要是二十年來都住在同地方的話，那就沒什麼需要跟房地產仲介接觸的機會了對吧？

**愛順** 是這樣沒錯。

**珍松** 不過在那之前應該也有經歷過一段持續搬家的時期吧？在跟房地產進行交涉時，是否有曾因為沒有結婚或沒有老公的情況而導致溝通有問題或蒙受什麼損失呢？

**愛順** 對方並沒有過問我這些問題，不過簽約的時候不要自己一個人去，看是要找弟弟、哥哥或姊夫都行，總之要帶個男性一起去，這樣才能事先避免掉一些不好的事情。要是對方有開口詢問，就要說你們是一起住，最好不要將獨居的事情透露給別人知道。

**珍松** 如果像您一樣有弟弟或朋友、同學的話當然很好，但最近獨生子女的比例很多，家庭組成的規模比較小，同學會的組織也不像以前那麼活躍，為了這個短暫需求而刻意去找成人男性陪同這件事，可以說是變得越來越有難度了。

**愛順** 你說的確實沒錯，我們那個年代不只兄弟姊妹多，同學會的大家也很常聯絡，就連現在也還是一個月會約出來見面一次。以前無論是搬到位於二樓的新房子或是搬進單人房的時候，男同學都會來幫忙，但現在畢竟大家都有年紀了，主要是姪子在幫我。

**珍松** 聽您這麼說，讓我確切感受到哪怕只是做表面，也還是有需要男性監護人的時候，雖然我認為這種不便或困難本身就不該存在，無論女性結婚與否。

**愛順** 以前碰到家裡有東西需要修繕的時候，我也是會找男同學或姪子來幫忙，得好好拜託到府服務的技師跟男性幫忙將事情處理好才行。但現在畢竟可以獲得資訊的管道變得比較多元，女性就算自己進行裝修也能做得很好。網路上亦有很多可以參考的評價，業者也都能幫忙做得很好。

**珍松** 我越想越不禁覺得老師到底是怎麼堅持到現在的啊？雖然最近有各式

各樣的產品跟服務，但若真的要著手進行，還是得從零開始，您沒有因為嫌這些過程麻煩而想說乾脆結婚算了嗎？

**愛順** （果斷）從來沒有。

**珍松** 啊，我好喜歡您這種果斷的回答，最近大家都會把這種態度形容成是充滿南瓜味呢[3]。

3 譯注：南瓜的韓文為단호박與果斷的韓文단호하다有部分類似，因此才衍生出此說法。

## ・冷漠都市的單身女郎

**要是我當時沒有獨自來首爾念大學自己一個人住，**
**現在應該就很難做出不婚的決定，**
**並繼續維持這種生活吧。**

**珍松** 最近業界考量到女性會擔心別人知道自己一個人住的心情，不僅推出了快遞安心編號收取服務，也提供美食外送先付款的選擇，這樣一來，就算不需要跟送貨員接觸也能使用該項服務。相較現在，過去的獨居女性確實比現在還要少上許多，您當時不會特別引人注目嗎？

**愛順** 確實，我那年代的村莊都小小一個，居民彼此熟識，因此只要稍有不同就會很顯眼，但還好我是住在都市裡，情況算是好一些，畢竟都市人不太搭理其他人的私生活，包括女性獨居的治安問題在內，都是都市要來得更好一些。

**珍松** 沒錯，大家老是說現代人很冷酷、不講人情，抱怨這都市太冷淡，但我認為住在都市的這種匿名性確實有其優勢，但這種特權只屬於居住在首爾跟首都圈的人啊，又不是每個人都有能力住在大城市裡。我有訂閱一本叫《Ilda》的女性主義期刊，他們之前有篇文章提到了不婚女性住在農村的故事，真的讓我印象非常深刻。

**愛順** 只有自己一個人單打獨鬥肯定會很辛苦，我之前住在外縣市當公務員的時候，大概跟別人合宿了六年左右。但當時因為是跟房東一起住，還算安全。

**珍松** 那房東一家人沒有干涉您結婚的事情嗎？長輩不是只要一看到年輕女性就會無條件將對方納為媳婦人選嗎？

**愛順** 他們倒是沒有對我那樣，大概是因為一看也知道我是不婚主義者吧（笑），也有可能是因為當時擁有大學學歷的人在那村裡並不常見，導致有一定的難度，畢竟找不到能推薦給我的人選。

**珍松** 啊，原來是學歷差距。

**愛順** 是啊，要是我沒有受過高等教育，他們又會怎麼對待我呢？這部分就無從得知了。

**珍松** 對於您提到獨居女性更適合住在都市這部分，雖然我也深有同感，但這問題似乎也能以都市跟非都市、首都圈跟非首都圈這種城鄉差距來解釋，無論是周遭人的包容度或社會基礎設施都是。在以封閉群體為主的社會中，不結婚的女性會被視為是某人的女兒、某人未來的老婆、某人未來的媽媽等等……很難以自己的身分獲得認同，這種事情我小時候實在是看多了，比方說家中那些沒結婚的親戚被其他人當成麻煩精的情況真的是層出不窮。另外，就社會基礎設施而言，大部分的資金都花在首爾或其他大城市啊，這麼一來，就很難有自己一個人可以駐足的空間。在《復學王的社會學》（복학왕의 사회학）這本書中，就針對外縣市青年被潛移默化，回歸了以家族為中心的價值觀這部分進行分析。由於外縣

市跟非首都圈的工作機會不夠多，有些人到頭來只能選擇離開家鄉前往都市發展，而留下來的那些人只能在那個以家庭為重的社會氛圍之中落腳，身處在一個很難一人獨立生活的環境。

**愛順** 是啊，要是我當時沒有獨自來首爾念大學自己一個人住，一直待在外縣市生活的話，現在應該就很難做出不婚的決定，並繼續維持這種生活吧。無論從哪個角度來說，我都算是比較幸運的人。希望現在就算運氣不夠好，即便沒有住在大城市裡，不結婚的人也都能自由自在地以不婚身分過日子。

## ・要怎麼過日子呢？

**待《伴侶登記法》通過後，**
**若能幫助大家更努力去理解更多元化的生活，**
**那麼住居空間跟制度肯定也會出現許多變化。**

**珍松** 不婚人士由於沒有結婚，所以得自食其力過日子，但大部分的人在那之前都會跟父母住在一起，並趁那個時期準備獨立。要是像您或我這種在其他地區就讀大學，或就業後自然而然開始獨立生活的人，您覺得大家應該要以什麼為主著手進行準備呢？

**愛順** 首先要找到住居空間，需要培養足夠的經濟能力，也得趁空檔練習做菜，然後備好平時最熟悉、便於入睡的寢具。為了以防萬一，準備兩個以上的枕頭會比較好（笑）。住處要越穩定越好，明知道這件事並不容易卻還是得這麼告訴大家的我，實在是感到很不好意思，但擁有自己的房子仍舊是最理想的。

**珍松** 最近因為房價高昂，因而出現了很多元化的代理方案。比方說，好幾個人同住在一個屋簷下採取共享房屋（Share House）的合租方式，這就是最具代表性的作法。因為子女獨立搬離家中，老人家以低廉價格將家裡空出來的空間租給大學生，這也是方案之一。老師您曾經歷過各種不同的住居型態，請問您想推薦哪一種給不婚族呢？

**愛順** 公寓大樓的租金太昂貴了，得先排除在外。如果想要追求大家一起住的話，那站在保護隱私的立場，得找到那種有好幾個房間的多戶式住宅比較合適。大家得有自己的房間才行，我覺得這應該是最低條件。跟別人共用一間房，短時間不好說，但以長期來看肯定會相當辛苦。

**珍松** 哪怕是最小坪數也好，「專屬於自己的房間」是必要的。

**愛順** 沒錯，跟別人一起住並不容易，所有芝麻小事都可能演變成巨大的問題，就連夫妻之間要配合彼此都那麼難了耶，生活都快忙死了，還得跟一大早洗澡洗很久、浪費水的人住在一起，那實在是抑制不了怒氣啊。無論是洗澡或是輪流做飯，都得在互相關照的情況下制定出一套規則並好好遵守才行。所以我認為跟比較容易妥協的家人或親戚一起住比較好，跟其他人可能很容易鬧到傷感情。

**珍松** 大概是因為我沒有跟別人一起住過，所以還會有這種想像，譬如大家都很喜歡看電影，那就在客廳裝個投影機。雖然大家有獨自的房間，但也可以在客廳打造出一個共同的生活空間，這會太理想化嗎？

**愛順** 一群人住在一塊確實有那種樂趣啊，如果大家志趣相投，搞不好還會形成比家人更親密的關係呢。但每個人的喜好畢竟不盡相同，光是開個電視，我想看運動比賽，但你想看電影，這樣馬上就出現矛盾了，配合彼此真的是件很不容易的事。而且大家得實際住在一起才會明白，有些部分是在外面見面時絕對不會曉得的，要不然也可以趁同居前先一起去旅行，趁機了解一下彼此的生活習慣，這也不外乎是個好方法，畢竟到時無論是什麼細枝末節，都得互相配合才行。

**珍松** 也對，光是牙膏要不要從中間擠，或是煮泡麵時將麵餅放入鍋中後，剩下的那個包裝袋到底要不要馬上丟掉，連這些事情都有人在吵了，生活習慣上的差異真是相當可怕呢。

**愛順** 如果是夫妻還會試著配合對方，但在我那個年代，經常都是老婆為了迎合老公而做出犧牲，我們都已經因為討厭這點才選擇不結婚了，結果又得因為室友的關係承受壓力嗎？我光想就覺得有夠頭痛。雖然這有可能只是我的偏見，但對於一個人生活的女性來說，她們的自我主張相較之下會比較強，我就是因為這種個性才得以穩住重心，好好地以不婚身分活到現在。

**珍松** 再怎麼說，跟其他人比起來，不婚族的生活模式確實是比較不同。看來選擇這種生活方式的女性會被認為比較「固執」，雖然我的個性有點優柔寡斷，但我仍舊要選擇不婚生活！

**愛順** 就說你還為時太早啊。

**珍松** （笑）那您應該也有跟別人一起住過吧？

**愛順** 有啊，大概一年左右，當時跟前輩還有她的姪子三個人住在一起，但是我那個前輩很急性子，老是發脾氣發個不停。

**珍松** 跟別人住在一起之前有什麼需要費心注意的嗎？

**愛順** 就算是一群人住在一起，也得像是自己一個人住一樣地進行準備，而且就算是熟識的人同住，金錢關係也得算清楚才行。大家都住在同個屋簷下，借錢給對方後要是不按時償還，還在那裡打哈哈的話，肯定會吵起來。即便是夫妻也很常動不動就因為金錢問題鬧到傷感情啊。除此之外，大家住在一起時要注意絕對不能帶異性回家，如果彼此之間是那種很乾脆、不太在意對方的關係也許還無傷大雅，但家這種地方畢竟就是要讓人感到舒服安穩，如果家裡出現一個素昧平生的異性，可能會害我感到很不自在。

**珍松** 那您考慮過要再跟之前那些人同住嗎？

**愛順** 唉呦，我才不要！

**珍松** （笑）也不考慮跟其他人一起住嗎？

**愛順** 沒錯，不考慮，跟別人住過一次後就完全打消這個念頭了。

**珍松** 一個人住還是比較好吧？

**愛順** 確實如此，有些上了年紀的夫妻也會分床睡或乾脆使用不同房間，不是嗎？跟其他人一起生活真的不是件自在的事。

**珍松** 我時常在想，就算不是跟朋友一起住，目前的住居型態也得來個全新的大改造才行。我以前曾經當過交換學生，當時雖然很少碰到異性室友，但大學校方在幫交換學生分配宿舍的時候，其實也會不論性別將男女生安排在一起。大家會住在同一棟、同一樓，使用同一間化妝室。如果是公寓式建築的話，男女生甚至還會住在同一間，這種情況在德國相當常見。我朋友去留學的時候，就是跟一個男的一起住。對於同居這件事的認知跟住居型態上的見解，若能從根本上就有所改變就太好了，只要抱持著就算異性同住也不會發生什麼意外的信念，這種住居方式似乎也是相當不錯，起碼選擇範圍大了很多啊。

**愛順** 不過這種方式在韓國應該行不通吧？要是被父母知道肯定會鬧得雞飛狗跳，不是有「男女授受不親」這種說法嗎？

**珍松** 我覺得這種認知應該要有所改變，不過這可是很大規模的項目呢，畢竟得徹底糾正整個社會的風氣才行。光是從性教育著手，該修改的部分就不只一、兩樣了……首先應該要趕快制定《伴侶登記法》，提供一個無關有沒有結婚，只要是成人住在一起，其同居關係就該獲得認同的解決方案。這樣一來才能比照家庭模式適用減稅（防止健保費各自繳納等情況）跟社會保障等相關優惠。另外，針對未跟家人同住的不婚族需要動手術時，也得想辦法解決其手術同意書的監護人簽署問題。再來，就像夫妻享有購屋優惠，擁有同居關係的人也應該要擁有相關權利才行，上述這些內容都有包含在這部法律裡。

**愛順** 待《伴侶登記法》通過，等到大家對多元化的生活能抱持更多理解後，大家對於伴侶的包容度及定義若能有所改變的話，那麼住居空間跟制度肯定也會出現許多變化。

**珍松** 聽您這麼說真是給了我不少安慰呢，不然一直以來我只覺得越想越悶。即便如此，要是將視角放得更廣更遠的話，希望就能看見改變的一絲可能，畢竟您可是活證人啊。

**愛順** 這樣子的我偶爾會出現恍如隔世的心情，只不過有時也會覺得這社會怎麼直到現在都還是「這副德性」呢，只能哀聲嘆氣啊。（笑）

## ・「開始要平凡一點，甜美一點。」

老師在一九九〇年代就已經成立了頗具規模的單身女性團體，但我卻不具備那樣子的膽識。如果說，無論什麼都想把事情搞大的老師是個將軍或謀士，那我充其量就只是個……遊手好閒之人吧？雖然很常透過社群媒體舉辦匿名小聚會，但再怎麼說，這些通通都是以交誼為目的的一次性聚會，舉凡像是一九八八年數龍聚會、女性主義者送年會、鬼故事之夜等活動都是如此，我喜歡這種不受限於條件約束、較為鬆弛的人際關係。

但是如果想取得政治上的目標，就需要一定的凝聚力及曝光度。首先得讓大眾看到，接著再去抵抗那些差別待遇的不正常規定，並不斷去要求改善以結婚為主的制度以及制定跟不婚家庭有關的支援政策。跟老師進行活動的那個年代相比，現在雖然能透過網路快速地認識更多元化的人，但要讓大家齊聚一堂也真的並不容易。即便我們都是不婚女性，卻也因此更凸顯出了每個人之間的差異。

每當這種時候，我就會想起女性學者鄭喜真（정희진）所提到的「離合集散」這個四字成語，意即大家在分開後又重新齊聚，之後又再次四散各地，既不屬於哪個特定團體，同時也保有各自相異的個體性。大家先是為了相同的要求事項而凝聚在一塊，爾後再次分道揚鑣。夢想著這種靈活奔放感的我，其心態是否過於安逸了呢？搞不好成立團體這回事就得找個像金愛順老師一樣具有推動力及行政能力的人來幫忙才行。因此我打算先從自己能馬上著手的部分開始，首先，開始或許平凡，但求甜美。我開始批評那些被結婚市場主義洗腦的媒體，並試著進行陳情，不斷地塗塗改改，試圖書寫記錄下我那並非以結婚為目標或重心的人生，偶爾再拿出來以文章的方式發表……（獨立雜誌《單身季刊》已經發行第五年了，最近出刊的第十三號中有好幾篇與不婚主題相關的文章）。

越來越自私的不婚主義者，不想長大、拒絕負責的不懂事代名詞，在結婚市場被淘汰的「老處女」，個性乖張的單身……這些無數標籤不僅追著我不放，有時連我想撕除掉的時候，也會感受到痛楚。身處這個只會極端地把不婚劃分成華麗單身貴族及孤獨老死的社會，我想努力忠於自己的人生，做好那些只有我才能做到，同時也是非做不可、既平凡又珍貴的大小事。

# 第四部

## 不婚的多元風景

## ・很痛耶，克莉絲汀

網飛（Netflix）原創電影《老闆送作堆》是一部描述兩位秘書為了擁有自由時間，想盡辦法將兩人的上司湊作堆墜入愛河的浪漫喜劇。演員劉玉玲飾演的克莉絲汀既是個能力超群的運動記者，同時也是個難搞的上司。這個角色在電影前半段不斷拒絕朋友的新生兒派對邀約，並指示秘書以送禮代替出席。無法一一出席諸多活動的她之後在秘書們的安排下陷入了愛河，並在決定步入婚姻後，選擇出席朋友們的聚會，而接下來克莉絲汀激動說出的一番話，可說是讓當時鬆懈下來的我突然感到一陣晴天霹靂。她向在場的人表示：「現在因為我突然擠進了你們的世界，大家都開始等著看我什麼時候會懷孕生子是吧？」欸，很痛耶，克莉絲汀。

是啊，因為克莉絲汀既不想結婚也不想生孩子，因此無法融入「那些人的世界」，無論她再怎麼優秀、跟朋友再怎麼親近都還是進不了那個圈子。在tvN電視劇《今生是第一次》中，夢想著要結婚的楊浩朗就將不結婚的女性比喻為紅色大衣。

「我以後不想成為像紅色大衣一樣的顯眼存在。我媽的朋友中有個不想結婚的阿姨，她不僅身形姣好，對我也很不錯，但我媽去旅行的時候，卻總是不會約她一起，真要形容起來，那個阿姨就像是紅色大衣一樣。」

截至目前為止，我跟已婚的友人仍保持著相當不錯的關係，我的朋友們很尊重我的選擇及人生，但這種模式能維繫到什麼時候，老實說我並沒有信心。畢竟人際關係、周遭情況及每個人都是會變的，也有些人甚至在一結婚後就慢慢變得疏遠。與其說婚姻造就了這種結果，倒不如說這段關係原本就會演變至此。

說不害怕是騙人的，就一群沒結婚的朋友來說，現在還很容易相約出門，等到了有年紀之後也能聚在一起為彼此的生活打氣，但人生原本就難以預測。再說，只因為沒結婚這個理由而相聚的每個人都是複雜的個體，也不是所有不婚女性都意氣相投。因此不需要對不婚女性的友誼有著過度浪漫或誇大的想像，我們就只是想找到一群合得來的人，並好好照顧彼此過日子而已。如果有人看到這段文章後想一起加入，請打通電話給我吧，我的號碼是010……

其實真正傷害到我的並不是外人，而是我所珍視的這群人。那些閒雜人等的干涉或閒言閒語對我而言就像是停在臉頰上的蒼蠅一樣，只要揮揮手就能擺脫。但是當我喜歡的朋友們全將焦點擺在結婚，而我卻只能被排除在外的這種經驗，實在是讓我受傷不已。但我又能如何？只能高唱一句「我們似乎是到此為止了～」並讓這段關係就此告一段落。畢竟我沒有義務得為了插入朋友間的話題，就跑去結婚啊。

## ・「獨身主義者」的戀愛

**若是因為無法戰勝同情心跟愧疚感而結婚的話，可是會發生大慘事的。**

**珍松** 如果拜讀過老師著作的話，就會發現以前也有好幾個男性追著您不放，請問您沒有接受那些人的心意嗎？您在書中提到自己對那些人出現了跟愧疚感很類似的情緒，這點讓我相當印象深刻，因為最近也有不少人提到這個問題。女性可能會對追求者感到愧疚，或是怕自己拒絕對方後就此成為壞人，而這些因素都會造成女性在做選擇時備感壓力。像您這麼坦蕩磊落又自由自在的人似乎也曾因這部分感到辛苦呢。

**愛順** 那些人通通被我拒絕了，但同時也覺得自己算哪根蔥啊？我並沒有了不起到有資格傷害他們。

**珍松** 碰到對方努力追求就應該接受其心意的這種認知，算是在強調追求者在戀愛關係中的純情吧，也有點像是在用一種比較戲劇化的方式包裝整段戀愛過程的感覺。電視上不就很常在報導某些男藝人在一番苦苦追求過後，終於娶回美嬌娘的英雄故事嗎？

**愛順** 但他們難道不是因為覺得要是錯過對方就會悔恨終生才那麼做的嗎？

**珍松** 雖然也是有那個可能，但我認為覺得「精誠所至，金石為開」的這種錯誤追求文化才是最根本的原因。

**愛順** 我倒是沒有碰過讓我想接受對方心意的對象呢。

**珍松** 「就算沒有男朋友也不會跟你交往啦。」是這種想法嗎？

**愛順** 「雖然很抱歉，但你不是我的菜。」應該是這樣才對。

**珍松** 心動跟愧疚果然是兩碼子事，不過還真有不少人是基於愧疚才接受對方的，就如同您剛剛所說的，心裡想著「自己算哪根蔥啊」，卻覺得不好意思只好選擇接受。畢竟那些拒絕對方心意的女性實在太常被周遭的人指責過於冷血，另外也有些人是在經歷愛情長跑後因為不好意思拒絕對方，只好步上紅毯。

**愛順** 若是因為無法戰勝同情心及愧疚感而結婚的話，可是會發生大慘事的。如果要我跟一個和自己合不來，同時又不是我喜歡類型的人生活在一起的話，我還不如去結個十二次婚算了。

**珍松** 無論是交往或結婚，為了防範自己被這種心態影響，您的做法似乎就是一種祕訣。「你的心意我明白了，但你不是我喜歡的類型」，為了不讓自己在戀愛階段就被牽著鼻子走，我會把老師的這番金玉良言謹記在心的。

**愛順** 之前甚至還有人跑來我家大哭過，但就算這樣我也無能為力啊。

**珍松** 最近這種堅決拒絕對方的女性會被稱為「鐵壁女」，但其實這也是相當可笑的稱呼，拒絕不想要的追求本來就是人之常情，結果還要被貼上這種標籤。「不用非得成為鐵壁女不可，個性稍微沒那麼堅決又如何？」這是我的想法。無關個人品性，希望不管是誰都可以在不被他人逼婚的狀態下，擁有自由選擇不結婚的權利，並得以繼續維持這種狀態。

**愛順** 如果能做到這樣當然很好啊，只不過以目前來說確實還是很困難。

**珍松** 在教導女性鼓起勇氣開口向對方說不的同時，我認為就廣義來說，這跟男性不把別人的拒絕當一回事也有關。如果世人可以不要再危言聳聽，別再加深大家對不婚生活的恐懼，那麼逼不得已結婚的情況是否就會跟著減少了呢？

## ・擁有各種可能性的「不婚」

**要是只將自願式的不婚主義與不婚型態畫上等號，那就無法好好觀察其他型態的多元不婚生活了。**

**珍松** 老師，請問您之前是不是有拒絕過在「不婚式」上進行致詞的邀約？聽說您很擔心這種宣告不婚主義的行為會斬斷其他的可能性。

**愛順** 我是認為有非得舉行這種所謂不婚式的必要嗎？不結婚就不結婚啊，這是什麼特別到需要舉辦活動的事嗎？我是這麼想的。雖然我打從國中時期就已經決定不要結婚，但卻沒有加以公開。如果有人問我「為什麼不結婚？」，我頂多只會回答「因為沒有結婚對象」。偶爾也會講講空話，請對方幫我介紹一下個好對象。

**珍松** 看來您是採取適當打太極的迴避方式，畢竟您那個年代對於不婚的認識比起現在確實還要來得更貧乏，為了避免自己出現無謂的感情消耗，適當的妥協也是不可或缺的。

**愛順** 我不認為有非得向他人一一報備我為何選擇這麼生活的必要，不過最近的年輕人都會大方表態自己是不婚主義，甚至還打算舉辦不婚典禮向大家收取禮金，老實說我實在是無法理解這種做法。

**珍松** 會不會是在追求一種儀式感呢？就像結婚典禮一樣，故意舉辦儀式，向別人展現出不婚也是人生型態的一種。

**愛順** 那要是以後真的結婚要怎麼辦？人得對自己說出口的話負起責任才行，四處宣揚自己不結婚，結果最後卻步入婚姻，這到底要怎麼辦？我就是怕會發生這種情況才選擇閉口不提。

**珍松** 那您有這麼想過嗎？如果真能碰到一個符合您結婚觀的對象，是否就有可能步入婚姻？

**愛順** 我沒有過這種想法。以我的情況來說，我從國中下定決心不結婚後就沒有改變過，中間也不曾出現過非得結婚不可的念頭。

**珍松** 既然如此，為何還得預留或許會步入婚姻的可能性呢？

**愛順** 大概是因為我的個性本是如此，假設我答應要請誰吃飯，那我就一定得掏錢請客才行，如果碰到對方付錢的情況，我就會請服務人員取消，再由我重新結帳。雖然現在就結果而論，我確實是「沒有變化」，但以前的我哪能預料到現在的發展呢？充滿各種變數的不就是人生嗎？

**珍松** 您說得沒錯。再說，有些情況只適用在已婚之人身上，沒有結婚的單身女性得面對的難解問題實在是不勝枚舉。最近不婚的範圍不是也變得越來越多元化了嗎？就算沒有特地下定決心，也有人就這麼順其自然地成了不婚人士，因此好像不能單純把所有沒結婚的人都稱為「不婚主義者」，要是只將自願式的不婚主義與不婚型態畫上等號，那就無法好好觀察其他型態的多元不婚生活了。

**愛順** 堅定自己的想法固然是件好事，但偶爾也會碰到無可奈何的情況，要是沒有將日後改變的可能性考量在內的話，有些人也許會因而感到疲倦，或就此成為他人的笑柄，我是在擔心這個部分。

**珍松** 由於墮胎目前在我們國家仍舊是違法行為[4]，因此有很多人是因為意外懷孕而步入婚姻。另外也有些人是在跟對方交往時，體會到或許能過上從沒想過的婚姻生活而點頭決定結婚。身處在一個認為你理所當然該結婚的社會中，縱使發表不婚宣言確實具備了一定意義，但也要小心不要讓自己因而被困住。即便現在是不婚主義者，但以後仍有可能步入婚姻，就算結果不同於之前所說過的話，也只要想著「那又如何」就好。倘若當下是因為有不想結婚的理由才表示不結的話，那麼結婚時肯定也是因為出現了讓你想那麼做的原因，我認為大家都該具備一種不隨便對他人的苦衷或選擇多加臆測的貼心才對。

4 譯注：韓國雖然已於二〇二〇年修法除罪化，但對於規定的合法墮胎期限仍是爭議不斷。

## ・戀愛對不婚主義者而言

**我周遭的人都非常好奇，**
**那她想談戀愛的時候是怎麼做的？**

**珍松** 若已經下定決心以不婚身分過日子的話，首先肯定會對各種結婚的可能性抱持著警戒態度。在以前那個年代只要約會個一、兩次就會往結婚方向走了，不是嗎？那不婚主義者這項選擇是否會對戀愛自由造成限制呢？

**愛順** 我倒是沒怎麼想過這件事。我要碰到有好感的人才會產生想談戀愛的念頭，似乎從沒有先出現過想戀愛的想法。得先有感情基礎才談得了戀愛啊，但很多時候卻連培養感情的機會也不給。

**珍松** 原來對您來說，要先喜歡對方才是戀愛啊。最近有種趨勢是基於想談戀愛的心情才談的「戀愛文化」，這些人會為了滿足某些需求而與人交往，比方說邊談戀愛邊玩樂、希望能擁有跟自己站在同陣線的人，或是追求被愛的安心感……而那些因為沒有戀愛經驗而被他人取笑或看輕的人也會對談戀愛這件事感到躍躍欲試。但我同時也覺得對於考慮不結婚的人來說，戀愛亦是最大的煩惱。到了一定年紀之後，就很難將戀愛跟結婚區隔開來，選擇不結婚就形同是對戀愛設下了限制，因為對結婚感到有壓力，所以乾脆連戀愛都不談了，時代好像也跟著變化了呢。

**愛順** 但現代人的心意也是變化無常啊，昨天本來還很喜歡，結果今天就分手了。

**珍松** 比起去評斷好壞，倒不如說這已經成了這個時代的一種文化？我不認為跟很多不同的對象交往過就代表個性一定很輕浮，畢竟每個與人交往的機會跟每段戀愛關係的重量都不盡相同。老實說，我甚至很懷疑這世上是否真的有真愛存在？

**愛順** 怎麼會沒有呢？真愛是確實存在的，若我拿出真心以待，那對方也會如此給予回饋。

**珍松** 肯定有的，只不過大家對於真心的標準卻相當主觀而模糊，而且也不能隨意要求他人這麼做。其實戀愛也可以談得很有意思啊，只要懂得關照對方的話，其他方面又如何呢？

**愛順** 唉呦，為了有趣跟好玩而談戀愛這種事，我實在難以想像呢。

**珍松** 愛情跟戀愛其實算是兩種不太類似的概念，前者是一種情感，後者則是一種關係。人在談戀愛的過程中有可能變得不再愛對方，就算很愛對方也有可能無法走入戀愛關係。

**愛順** 在我眼裡，愛情、戀愛跟結婚都差不多，看來我對這些真的是一點興趣也沒有，深愛某個戀愛對象這種經驗我還真是不曾擁有過。

**珍松** 若像老師一樣根本不感興趣，問題反而比較簡單，但如果不是如此的話，內心就會不斷感到矛盾呢。之前我跟周遭的人提到要跟您一同出版問答集時，大家很好奇的部分就是「那她想談戀愛的時候是怎麼做的？」、「到了某個年紀後，還可以單純談戀愛不結婚嗎？」等諸如此類的問題，而這些也是身為不婚主義者的我很常碰到的提問，大家都很想知道那我們到底是怎麼談戀愛的。

**愛順** 假設今天我處於某段戀愛關係，不會受到旁人逼婚的話，搞不好我的想法就會有所不同。不過，嚮往不婚的人要是碰到想談戀愛的情況，心境確實會比較複雜，如果對方想結婚的話，那該就此分手嗎？

**珍松** 我的想法或許比較極端，但我會選擇分手。雖然雙方可以藉由溝通繼續維持關係，但是到頭來兩人追求的目標並不一致，這一定會帶來負面影響。

**愛順** 好可惜啊。

**珍松** 要不是因為受不了這個社會的逼婚壓力或大眾對於不婚主義者的指責，我應該就不會基於罪惡感而放棄戀愛了吧？當一個人要開口拒絕或選擇放棄些什麼的時候，可是需要承受相當大的壓力呢。打從決定要步入婚姻的那一刻開始，女性就很難掌握主導權。每次在聽別人分享結婚經驗時，總是很常聽到「因為男友推了一把，就順勢結婚了」這種說法，也有不少人表示，就算女方再怎麼想結婚，要是男方沒有意願的話，婚事就很難有進展。嗯，看來無論是拒絕或同意，女性都很難擁有太多的控制權，只能被來自社會的壓力、對家族或另一半的愧疚感，或者「要是現在不結婚，不曉得往後是否還結得了」的不安感等情緒給團團包圍住。

**愛順** 其實……不結婚真的也沒關係啊。

**珍松** 非得結婚不可的壓力哪怕只要減少一半，大家的選擇也能變得更為多元。請問之前跟您一起參與同心會的其他人對於戀愛也是抱持著這種態度嗎？

**愛順** 當時並沒有不婚這種說法，再加上我們是獨身女性團體，裡面的人員組成相當多元。當時加入的人員中，其實並沒有不婚意識特別強烈的人……會員在進入同個組織中一起生活後，是想依照自己當下的狀況去享受人生，並尋找一些跟自己價值觀或處境類似的同溫層，當時也有很多是離過婚又恢復單身的人。

**珍松** 啊，原來她們並不是都跟老師一樣抱持著不婚的決心，有計畫地加入同心會的啊？

**愛順** 沒錯，裡面不僅有人在談戀愛，曾經誇下海口表示不結婚，結果中途就跑去結婚的會員也大有人在，所以我才會說自己就算自己決定不結婚，也不需要四處張揚。

**珍松** 結婚原本就是個變數很多的選擇，因此在婚姻離我還很遙遠的時候，似乎比較容易對自己不婚的決定侃侃而談，不曉得跟這種情況是不是雷同呢？我小時候曾認為自己到了三十歲就會有車有房，結婚也有點這種感覺，就像處於遙遠的未來，只能以自己當前的想法及條件去思考，但真的跟現實碰撞後，就會發現這一切其實跟想像的截然不同。

**愛順** 最近不是有調查指出，百分之六十的高中生表示有思考過不婚這件事嗎？但學生們其實並不清楚婚姻究竟是怎麼回事啊，所以的確更有可能輕易地說出口。

**珍松** 嗯，不過就這種情況來說，很難斷定學生們是真的對婚姻懵懵懂懂才會做出這種決定，畢竟現在對於結婚的討論或資訊都比過去來得更豐富，我認為他們是因為太了解韓國社會的結婚制度會對自己人生造成何等影響才會給出這種答案。老師不也在十八歲時就決定不結婚了嗎？最近的學生應該也很清楚結婚這種制度並不見得能保障幸福生活，對於只有已婚人士才能被視為成人的作法感到不恰當吧？

**愛順** 這倒是沒錯，我們的父母在透過結婚為夫妻好一陣子後，也常會出現「結婚到底是為了什麼啊？」這種對婚姻表示失望的念頭，我們家也是如此。

**珍松** 隨著婚姻中的差別待遇或家暴等狀況被分享到網路上後，大家才驚覺身處婚姻制度內的女性或兒童在遭遇家暴時原來沒有受到國家保護的事實，因此對於「正常家庭」的美好想像也逐漸在幻滅。

**愛順** 下定決心在婚後絕不會過著那種日子的人雖然也很多，但重要的是在那之前應該就要明白結婚不全然只是好事。在搞清楚的情況下做出選擇，以及一無所知就進行決定，這兩種狀況完全是兩碼子事。

## ・結婚正常化的神話

**那些透過婚友社尋找結婚對象或是進行策略結婚的人反而會被認為庸俗不已，大多數人對這種做法也是持否定態度，但這種做法反倒更接近於結婚制度的起源呢。**

**珍松** 在這個認為人理所當然要結婚的社會中，大家對於那些覺得結婚是害自身權利遭到剝奪的人卻隻字不談，我認為這跟老師您之前很常提到的那個觀點是一脈相承的。大家似乎都會下意識地認為不結婚的人就等同於「身體上有什麼缺陷」，所以才會結不了婚。

**愛順** 所以我都會直接拿出診斷書給對方看啊，只不過並不是大家都有一副健康的身體。對身處於逼婚的社會氛圍中，最後卻不得已只能選擇結婚的那些人而言，實在是太痛苦了。

**珍松** 所以這個社會才會提倡建立在「異性戀者」、「非殘疾人士」、「門當戶對」這種前提上的婚姻啊，就像有些人選擇不婚卻遭到逼婚一樣，肯定也有人是被迫不婚，結婚權利遭到剝奪的情況。雖然結婚這件事對不婚人士來說是一種強迫，但對同性戀者來說，結婚卻是法律上禁止的行為。我們的社會把「理所當然的婚姻」跟「禁止的婚姻」分得相當清楚，並且有著差別待遇。

**愛順** 聽到你提及禁止的婚姻就讓我想起現在已經廢除的「同姓同本[5]」不得結婚的事情。有個跟我很熟的朋友的弟弟剛好處於那條法律禁止的年代，結果他愛上跟他同姓同本的女性，最後他們在沒有舉辦婚禮的情況下過著婚姻生活，慢了一步才得到法律上的承認，但現在膝下有一雙子女，過著相當幸福的日子。

**珍松** 啊，之前在tvN電視劇《請回答1988》中，女主角的姊姊愛上了同姓氏的男人，導致最後在結婚時碰到了一些問題。我還記得自己小時候（在那個同姓同本仍舊不得結婚的時代）碰到同姓氏的人只是單純感到有點特別。

**愛順** 階級問題肯定也還存在，嘴上說著階級差距好像一副很了不起的樣子，但其實不過就是父母認為門當戶不對，在行反對之意罷了。電視劇也很常演到這種劇情啊，事實上不是只有家世顯赫的家族才會那麼拿翹，很多人都認為就該找個家世不如男方或學歷比家人平均學歷更低的媳婦，這樣相處起來才會自在。

**珍松** 您也是在那個年代接受過大學教育的女性，這件事應該也對不婚造成了極大影響才對。高學歷對於女性而言，究竟是成了支撐不婚這個決定的因素，還是反倒成為妨礙結婚的原因呢？對於這點的看法，我想應該是因人而異。

**愛順** 應該是這樣沒錯，我曾聽說過學歷越高的女性越不容易被放在相親名單裡，但就算男性喜歡條件不如自己的女性，也不代表女性就能碰到比自己條件

5 譯注：意指姓氏與本籍皆相同。

更好的結婚對象啊。以前女老師要是被調到鄉下服務，考慮到安全問題，都會試著找戶有錢人家搬進去一起合宿，但我曾碰過有女性因為遭到那家人的男性成員強暴，最後只能無可奈何地跟對方結婚的情況，直到現在我只要想到她都還是會覺得惋惜不已。當時那個年代對於處女情節可以說是相當執著，有人遭到性暴力之後，就誤以為自己只有嫁給對方這種選擇而已。

**珍松** 截至目前都還是會看到中年藝人夫妻上節目，說著男方是因為被女方迷得神魂顛倒才會纏著對方結婚的廢話，也不曉得是在炫耀性犯罪還是怎樣……像這種類似強迫逼婚的婚姻簡直比比皆是，這大概也是造成選擇不婚的人並不多的原因之一吧。

**愛順** 為了減少上面提到的階級差距問題，配合對方「水準」的策略婚姻可是流行了好一陣子。像那種牽扯到整個家族的婚姻，當事人簡直是動彈不得、無能為力，而這也不過是才二、三十年前的事情。這股風氣也延續到現在演變成政經關係勾結的策略婚姻，現在不是也有年輕人會進行契約婚姻嗎？

**珍松** 結婚制度的起源是來自於國家跟家族之間的交易，在衍生出「戀愛結婚」這個概念之前，所有的婚姻都是策略結婚。如今大家認為基於「真愛」而締結的婚姻才算是「真正的結婚」，那些透過婚友社尋找結婚對象或是進行策略結婚的人反而會被認為庸俗不已，大多數人對這種做法也是持否定態度。雖說如此，但很有意思的是，策略結婚反倒最為忠實地沿襲了結婚制度本質的做法呢。

**愛順** 總之，跟素昧平生之人結婚這種事，我是絕對無法接受的。

**珍松** 原來如此，越聽越覺得活在這世上還真是沒有什麼選擇餘地，像老師一樣可以選擇拒絕，搞不好也是種特權呢。要如何過日子？要跟誰一起過生活？這應該是大家都應該要享有的權利才對。

## ・就連草鞋也有另一半？

東亞人有個迷信，相信人在出生之後，跟命中注定的對象之間會有紅線牽引著，而這個浪漫的命運論亦成為諸多電影、電視劇及漫畫的題材。在柏拉圖的《會飲篇》中提到了人原本是「合二為一」的個體，是之後遭到神的拆散才會分開。在音樂劇《搖滾芭比》（*Hedwig and the Angry Inch*）中，〈愛的起源〉（The origin of love）這首曲目就是以這段故事為基礎，講述人類出於思念前去尋找另外一半的行為正是所謂的「愛情」，而這種合二為一的個體（按照傳統的性別二分法區分）包括了「男女」、「男男」及「女女」。也就是說，在這段敘事中，人的另一半並不限於異性，愛情的範圍不僅跨越了異性戀的藩籬，甚至衍生至同性戀，即便另一半這個概念的暫定假設仍舊存在。

這一點在「就連草鞋也有另一半」這句韓國俗語中則表現得更露骨直接，這句俗語意即無論是再卑賤的存在也能擁有另一半，而這段話也給了我相當深的感觸。就像是某人為了安慰（？）嘴上說著不結婚的我，或是在維護得聽到「有誰願意跟那種女人在一起啊？」這種閒言閒語的我而說出的話一樣。那些向我釋出的善意及對於緣分的信賴，以一種溫暖柔和的態度否認了我的不婚狀態；而那些抱持著深信不疑的態度，相信我一定能找到另一半的人，或是覺得我現在還缺了些什麼不夠完整的視線，也仍舊是老樣子，從未變過。

這個社會打從一開始就將人視為「成雙成對」，所謂的個人就像是筷子的其中一支，是個不完整的未完成品，只有那些「成雙成對」的人才會被承認是理想市民社會中的一員。我的第四根手指空空如也，並不是誰的另一半，而人類也不是草鞋。雖然人類是必須跟他人一起生活的社會性動物，但同時也是個必須對自己人生完全負責的獨立人格。即便我們生活在關係之中，但要是非得「依存」於某種關係才能算是有價值的話，那麼那段關係本身早就已經埋沒掉所謂的個人意識形態了。

我偶爾會這麼想，假使人真的有命中注定的另一半，那又如何？如果我是分離的雙棍冰棒，那就讓我以分離的狀態過日子吧，請大家不要管我。難道跟命中注定的對象一起感受到愛情後，那段關係就得始於戀愛終於結婚嗎？沒能步入婚姻的愛情就不成熟及毫無意義嗎？要是我命中注定的對象無法尊重我不結婚的選擇，抑或是我的貪心及自由的話，那我寧可像逆流而上的鮭魚一樣，違抗自身的命運。

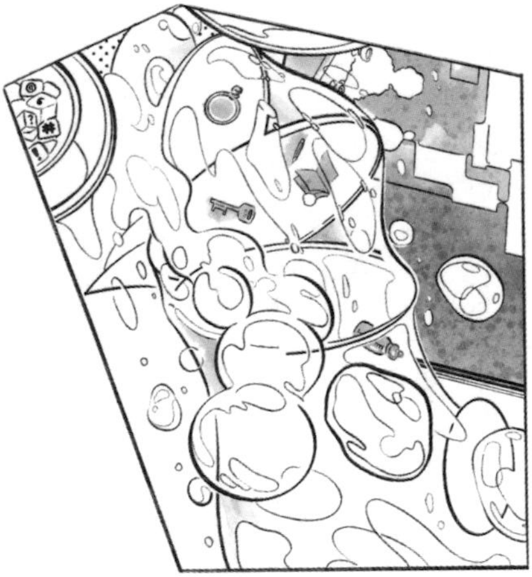

# 第五部

## 敬不婚！

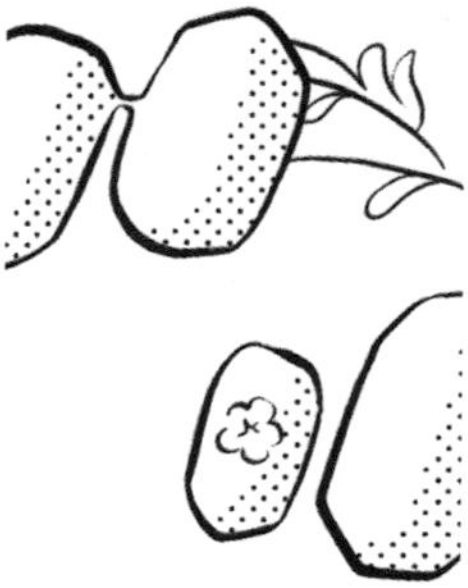

## ・請贊同不婚人士的住居政策

**目前政策制定的方向都還是只以四人家庭跟已婚人士為主，因此得鍥而不捨地展現不婚生活的樣貌才行。**

**珍松** 老師您之前不是有想過要參選國會議員嗎？那您當時有為了購屋困難的不婚人士構思什麼政策或制度嗎？

**愛順** 我認為得多蓋一點套房形式的公寓大樓才行，要是不婚人士越來越多，應該也會反映在國家政策上吧？

**珍松** 這種做法會有助於房價下降嗎？

**愛順** 要進行房子買賣肯定還是相當困難，所以得採用長期租賃的模式，也要想辦法順水推舟，讓承租人在維持生計的同時，每個月還能拿出部分薪水進行認購。人在年輕的時候真的很難實現所謂的住居安全，珍松你還年輕，可以試著成立不婚俱樂部之類的，先聚集大家的力量，之後再進行國民請願。只要達到二十萬人，政府就會給予回覆了不是嗎？按照大家意願，讓好幾個人生活在一起的做法真的很不錯。你想想，同個社區裡都住著處境類似的人，心裡該會覺得多可靠啊？同時也能成為讓大家得以一起交流的場所。以前我曾經聽過有七個不婚人士一起生活的軼事，她們每天早上輪流準備早餐，一週剛好一人輪一次，晚餐就各自解決。只不過後來因為大家一一結婚，就這麼默默解散，只能說女性就算嘴上再怎麼說不想結婚，還是很難維持不婚的身分呢。

**珍松** 怎麼會呢？老師不就維持到現在了嗎？

**愛順** 我是因為不斷地有在工作，入職考試也都很幸運地沒有落榜才能順利維持至今，獨自生活可真不是件容易的事呢。要是職場生活出現斷層的話，就很難進行經濟獨立啊。

**珍松** 全州有個名為「不飛」（不婚人士的飛翔）的非婚共同體，她們起初是三三兩兩地在聚會空間附近的公寓大樓租屋，接著意外形成了村莊的型態，其他人聽說那裡還蠻適合居住的消息後紛紛跟進，最後成了一個約二十人居住的小社區。雖然她們一開始的本意並非如此，但像這種住居空間如果能從起始階段就開始進行規劃，再正式動工興建的話，您覺得這種模式是否有可行性呢？

**愛順** 這個例子很不錯呢，雖然是租賃模式，但大家可以一步步構思更大的藍圖，並進而實現它。如果最初就想著要買房子的話，十之八九會把自己搞得很疲憊。

**珍松** 我認為不婚人士確實需要一些必要的支援，但是因為政府不鼓勵不婚主義，導致這部分在施行上並不是很順利。因為大家得結婚生子才有辦法替這個社會補充人力資源，最近低出生率的問題可是鬧得沸沸揚揚啊。我個人是一九八八年出生，但我前陣子看到一篇標題寫著〈一九九〇年代出生的人是低出生率的最後希望〉（90년생이 저출산의 최후의 희망）的報導時，忍不住嗤之以鼻。

目前的政策方向是提供公寓大樓或其他空間給不婚人士進行短期租賃，讓這些人能在這些地方短暫停留。換句話說，不婚對大家而言就只是一個階段罷了，到頭來還是要誘導大家往結婚的方向走。

**愛順** 我有聽說弘大附近的租屋期限都很短。

**珍松** 因為無論是不婚族或一人家庭，其存在本身就沒有獲得他人認同，才會導致無論到哪都只能處於一種臨時狀態啊。

**愛順** 就算國家為了提高結婚跟出生率而施行相關政策，但在那之前，不婚人士若是沒有改變不想結婚的想法，那政府也沒辦法硬著來。他們不該讓這個社會變成一個好像得結婚才有辦法存活下去的地方，而是應該營造出結婚可以過得很幸福的環境才對。如果處於這種社會氛圍之中，我相信不婚人士肯定也能過著幸福快樂的日子。

**珍松** 因為沒辦法強制大家結婚，站在國家的立場應該感到很心急吧？我看那些立法的人簡直是口不擇言，無所不用其極，說什麼不應該累積太多學經歷，還說年輕人就應該把眼光放低什麼的……

**愛順** 生一個孩子需要多少花費啊？要是生兩個的話，每個月又得多出多少開銷？這並不是提供一時性的支援就能解決的事，得從根本制度及相關設施開始著手整頓才行。

**珍松** 人口明明就呈現減少趨勢，但房子卻蓋了又蓋，結果房價卻不見下跌，怪哉怪哉。

**愛順** 只有首都圈有這種情況啊，偏遠的外縣市倒是有很多房子待價而沽。雖然國家政策很容易顧此失彼，很難兼顧到所有人，但我認為政府得先站穩腳步才行。至於不婚人士也可以考慮採用我之前創辦同心會的做法，大家要組織成一個團體，進而向政府施壓，這樣才有可能推動相關政策得以實現。

**珍松** 繼您之後，沒有出現其他也很具影響力的團體嗎？

**愛順** 沒有啊，大家都說不想做。

**珍松** 因為每個人都很忙，身處在水深火熱的工作環境裡啊。

**愛順** 我當時也是邊工作邊組織團體的。

**珍松** 其實能像您做到那種程度，真的也是一種能力來著。抱持著勤奮熱情的態度去進行企劃，甚至還能擴展成團體規模，這種能力有多特別啊！

**愛順** 因為大家都戰勝不了那股麻煩，才會那麼忌諱進行嘗試。

**珍松** 我倒覺得不只有麻煩這個原因呢……老師在我這年紀時肯定更為熱情，但我只是個懶惰的瞌睡蟲啊！目前大家針對不婚跟更多樣化的住居型態都有持續在進行討論，我覺得大家能以各自不同的方式繼續交流，透過更積極的活動下去對周遭進行施壓，我認為我們這本書也算是其中的一環。

**愛順** 是啊，目前制定政策的相關人士還是只以四人家庭跟已婚人士為主要考慮對象，因此鍥而不捨地展現不婚生活的樣貌可說是相當重要。

**珍松** 啊，您一提到以已婚人士為主就讓我想起一件事，過去這幾年來因為住宅認購的人越來越多，所以我去年索性解了約，反正第一順位會優先提供給新婚夫妻，我又不屬於那個群體，留著那戶頭又有何用？乾脆把那筆錢拿來花掉算了！當時腦海裡突然出現了這種念頭。

**愛順** 那算是最近流行的YOLO還什麼的嗎？

**珍松** 不是耶，應該只算是平凡的……過度消費……？（笑）雖然我以這種名堂在自我嘲諷，但有個住宅認購的戶頭確實是件好事，我當時只是因為一時氣昏頭才會衝動解約。一開始就擺明會優先將名額提供給新婚夫妻，那不就等同是在排擠那些不是新婚夫妻的人嗎？我們目前真的很迫切需要為了不婚人士及一人家庭而制定的政策，但那些反對不婚的人可能會表示不婚人士並不符合政府目前以正常家庭為出生率考量對象的政策基調。再說，目前不婚人士的身分在法律上還沒有辦法獲得證明，我們就像是皮球一樣被踢來踢去……

法國從一九九九年開始引進了《同居伴侶登錄法》（PACS, Pacte civil de solidarité，連帶義務協約），對於多樣化的家族型態給予承認。即便如此，他們也仍舊維持了一定的出生率，而各種不同類型的伴侶組合在養育孩子的這方面並沒有受到差別待遇。這就代表這種做法確實可行啊，無論是同性結婚或戀愛結婚，都是可以組成家庭的。

## ・（不要結婚，）我們同居吧

**比方說，屋裡每個房間的大小一致，設有獨立衛浴，或是大家可以共用客廳及廚房這種空間。**

**珍松** 請問您有體驗過所謂的非婚生活共同體嗎？

**愛順** 我沒有體驗過那種生活方式，但就像我之前所提過，我曾經跟其他兩人住在同個屋簷下，當時是跟一個年紀比我大的女前輩還有她的姪女三個人一起住。唉呦，結果到頭來還是因為合不來而分道揚鑣，那個姊姊只要一喝酒就會喝得酩酊大醉，而我則是會很小心，絕對不會讓自己喝到斷片的那種類型。

**珍松** 基於安全考量來說，我也認為應該要好幾個人住在一起會比較好，但我個人卻又不喜歡跟陌生人住在同個屋簷下。不過仔細想想，反正人生就是一段得與他人共存的過程，那連這種程度都無法忍受的我是不是太過自私了？所以決定選擇不婚的現代人會希望乾脆就將房子設計成不婚用途，最近也有人提議不妨為了一人家庭另行興建療養院，這樣就能兼顧這個群體的診療服務，我也贊同這個社會確實需要新型態的醫療設施。

**愛順** 沒錯，如果要以非婚生活共同體的模式生活，那就需要全新型態的住居空間。比方說，屋裡每個房間的大小一致，設有獨立衛浴，或是大家可以共用客廳及廚房這種空間。若屋裡沒有安排獨立空間的話，就無法保障住戶的私生活，要是碰到有人爭吵的情況，也沒有合適的地方能讓大家調解意見。如果能有一棟建築物的設計可以將這些通通考量進去的話，那當然再好不過。

**珍松** 我曾經跟五個朋友一起買過樂透。我們會定期集資購買彩券，想說要是中獎的話，就把獎金拿去買房子。一樓讓這個人住，二樓讓那個人住，客廳又該怎麼裝潢好呢？一群人充滿希望地構思過這種事情，但是因為我們並沒有中獎，最終這一切當然化作了泡影，不過還是很有意思啊。

**愛順** 為了不婚族群而特別設計的房子應該要由國家來興建並提供才行。

**珍松** 沒錯，真的是這樣。最近決定不結婚的人們都很希望能擁有新的住居型態，我覺得再等個十幾二十年應該就會有很顯著的變化才對。全州有個名為「不飛」的非婚共同體空間，他們甚至還會在裡頭舉辦不婚研討會，按照二十、三十、四十、五時的年齡層下去分組，每一組都有不同的討論主題。比方說二十幾歲的人討論的是「決定選擇不婚的契機」，三十幾歲的人則是針對「工作跟不婚的關聯性」……透過這種方式衍伸出多采多姿的主題，但是因為我家離全州實在是太遠了，所以我也只去參加過一次而已。

**愛順** 像這種空間，哪怕各地區都只有一個也好，那麼世人對不婚人士的認識肯定會大有不同。

**珍松** 那我想請問您對於戀人同居這件事有什麼看法呢？在《爸爸好奇怪》這部電視劇中，有個叫卞惠英的女律師要求男友要實施「結婚實習制」，雙方各自提出對結婚生活的需求及條件，並仔細地條列記錄下來，接著再嚴加遵守。另外還有一些更詳細的內容規定，比方說一年內只維持婚姻生活，但不登記結婚。如果有人沒有遵守協議事項，就要扣一分，採累積扣分制。要是超過五十分，就可以選擇結束婚姻生活，一年後再討論要不要繼續延長合約期限。只要有一方不同意，那就各走各的分道揚鑣。

之前墨西哥的民主革命黨曾提出兩年制的婚姻制度，當時墨西哥市的市議員也有提出相關法案。一開始起碼要遵守兩年的義務結婚期，之後再以至少兩年的單位進行更新，而且需要經過雙方同意才能持續下去。其實要跟新的人共組家庭遠比想像中困難許多，但是大家看到其他人也都這麼做，就自然而然地把這件事想得太容易。再加上因為彼此相愛，就覺得好像非得跟對方結婚不可，也抱持著「反正一邊生活一邊磨合就好啦」這種安逸的想法。

**愛順** 就算不結婚，只要相愛也能一起生活不是嗎？之後要是覺得不合再分開。做好生活上的磨合其實非常重要，當兩個人同住在一個屋簷下時，對方的優、缺點馬上就會一目了然。雖然有可能會成為分手的原因，但要是能事先弄清楚這些部分，也能幫助大家先做好應對準備。想找人一起生活的話，就得找個好的對象才行啊。

**珍松** 比方說對家事的敏感度或生活習慣這方面，在戀愛時期真的是很難得知啊。

**愛順** 光是一起生活個三個月就能發現很多事情，為了不讓當事人對婚前同居這件事感到良心不安，最好還是先行將此事告訴父母，再公開進行比較好。

**珍松** 老實說，由於這個社會特別重視女性需要保有純潔性關係的緣故，因此不管是婚前同居或把這件事公諸於世都算是一種禁忌行為啊，畢竟到頭來，同居這件事對女性所造成的損失更大，而最不能告知的對象就是女方父母。在跟別人同居的期間，要是碰到父母突然來訪，大家就都會把男方的用品通通藏起來。明明是同樣一件事，比起告訴男方父母，被女方父母知道會來得更嚴重，這是因為跟人同居的女性在世人眼裡就跟遭到毀損的物品沒什麼兩樣。在這種觀念有所改變之前，要讓同居文化浮出檯面進行正式討論並加以落實這點，是不是還有點難度？

**愛順** 這件事實在是讓人感到匪夷所思，為什麼大家要把同居或是談過很多段戀愛視為不好的事情？在我大學時期，那些異性關係最為複雜、也談過無數戀愛的朋友，現在都過著很幸福的婚姻生活耶。

**珍松** 如果想享受同居的優點，那就得讓法律制度成為其後盾才行。在法國就有所謂的《同居伴侶登錄法》，不僅能讓同居人在法律上受到保護，同時也能享有生活上的優惠待遇。因此以法國人來說，他們結婚的比例並不高。我有個朋友在法國工作，她的法國人朋友教了她一個避開奇怪男人的判斷方法，就是如果對方很執著要跟你結婚的話，就很值得懷疑他是不是別有用心。

## ・和生病的「我」一起生活

**要是對別人期待越大，相對地也會越失望，**
**這樣就算有一百個人來探病，也會感到孤獨寂寥。**

**珍松** 老師，之前春天的時候，您不是曾住院住了兩個月，不久前才剛出院嗎？現在身體狀況還好嗎？

**愛順** 現在已經好很多了，得一邊慢慢做運動，慢慢地讓自己的狀態變得更好才行。

**珍松** 那麼我想詢問一些跟您在住院期間有關的事。您在一開始受訪時有表示過之前從來沒有住院住過那麼長時間，所以對這部分的了解並不多，突然變得很辛苦對吧？

**愛順** 一個人生活要是生病的話，會感到很難過委屈啊，而且也很危險，所以我一直都很努力在管理自己的身體健康。沙特曾經說過「人要是停下腳步，就喪失了生命的存在價值」這句讓我印象深刻的話，再加上我從五年前就特別注意腿部健康，結果最近關節卻出了問題，這讓我很失望。

**珍松** 我們之前不是聊過大部分人會把看護這項勞動轉嫁到沒有結婚的女性身上嗎？以我們國家的情況來說，長時間維持「女兒」這個身分過日子，會很難被外人視為是一個獨立個體。老師您也曾經當過兄弟們的看護啊……但是碰到自己生病時卻得自救才行，不婚人士最擔心的一點正是這個碰到健康狀況出問題需要住院時，究竟該如何自處才好？

**愛順** 根據保健福祉部的指示，醫院新增了「護理、看護綜合服務病房」，也就是說，病患就算沒有監護人跟看護亦能順利住院。在適用健保的情況下，亦能減少醫療費用所造成的負擔，一天只要支付兩萬韓元就能住在綜合服務病房。

**珍松** 那是指在沒有其他人照顧的情況下，由護理員來負起看護責任的服務對嗎？由護理師、護士助理、照顧服務員及復健助理等醫療專家所組成。

**愛順** 需要特別看護照顧的個人病患會另外安排在別的樓層，綜合服務是自己獨立一棟，這對我這種人來說真的是一項很棒的服務。不然孤家寡人的，要是找不到人幫忙照顧的話，該有多不方便啊，很淒涼耶。

**珍松** 隨著擔任看護的人員不同，病患對於看護服務的滿意度會有巨大落差，再加上費用相當高昂，因此就這部分來看算是相當方便。另外，這項服務對於那些不需要長住的人來說也算是蠻有用的，可以只在有需要的時候尋求幫忙就好。只不過對於那些連看護事項都得包辦的護理師來說，工作量實在太繁重了。

**愛順** 是啊，我動完手術後有好幾天處於動彈不得的情況，只能穿著尿布。在這種情況下，要是碰到孫女輩的護理員，實在是覺得很抱歉又不好意思……所以我有刻意盡量不進食跟喝水，希望能稍微減輕護理員的負擔，還好那個階段很快就度過了。以前聽別人說，人一上了年紀就會變成小孩子，正好就是在講那個時候的我。

**珍松** 您很為護理員著想呢，還會擔心他們業務過重。即便這確實是項需要存在的服務，但在人力分配及業務量這部分仍有做得更為完善的空間。那麼在綜合服務病房裡，看護或病患的家屬不會一起住在裡面嗎？

**愛順** 對，那一棟的病房並沒有裝設輔助椅子，所以除了病患之外，外部人士不會在病房裡過夜，也不會逗留太長時間。

**珍松** 那住院環境本身肯定也會舒適許多，對於那些有病患的家庭來說，也能減輕不少負擔。不過住在那裡得自己待上一整天，您那段時間沒有覺得很孤單嗎？而且您當時還再三囑咐，交代我們千萬不要去探病，所以我們也是時隔很久才見到面呢。

**愛順** 反正我這輩子都是過著這種日子啊，又怎麼會感到特別孤單或委屈呢？雖然心理狀態確實有因為身體不舒服而變得脆弱，但情感層面並沒有出現劇烈動搖，所以乾脆不要讓大家來探病反而比較心安。

**珍松** 也對，等待真的是件既辛苦又孤單的事啊，無論是對等待的人或等待的對象而言都是如此。

**愛順** 我想表達的就是這個。在等待家人前來的期間就會想：「今天是誰會來」、「真希望那個人會來」、「那個人怎麼不來看我呢？」內心滿是這類念頭，搞得自己暈頭轉向。孤獨感可以說是伴隨了我一輩子的時間，隨著我管理心態的方式，這種情感會忽強忽弱，是個性情非常古怪的傢伙。要是對別人期待越大，相對地也會越失望，這樣就算有一百個人來探病，也會感到孤獨寂寥。

**珍松** 老師說出口的話總是能讓人感受到高風亮節，您就連住院的時候也是始終如一。不過人只要一生病就會變得更渴求他人的關心，老是在等著什麼發生，這是人之常情啊。您當時沒有變得比較脆弱嗎？

**愛順** 與其說是變得脆弱，倒不如說是有些事情讓我相當費心。當其他病患家屬來訪時，總是會跟我分享一些吃的，接著我就會開始戰戰兢兢，害怕自己會不會都在忙著收下他人好意而無從回報。後來剛好有兩次是一群朋友一起來看我，所以我就趕快交代他們多買點東西來，把那些拿來跟其他人分享後，才終於感到如釋重負，很感謝大家挑了那時候來。

**珍松** 在醫院待久了之後，病患之間就會開始聊起天來，進而對彼此有一些簡單的了解，比方說像身分或家人之類的資訊。請問您住院的那段期間，其他人沒有好奇您的家庭關係或婚姻狀況嗎？

**愛順** 當然有啊，「老公去哪啦？」、「沒有兒女嗎？」「怎麼都沒有人來探望你？」像這種問題就被問過好幾次，連「媳婦真沒教養」這種話也有人脫口而出。大概是因為我這段期間只要接到電話就會請對方別來醫院探病，所以他們才會覺得真的都沒有人來吧，不然我怎麼會被大家取了個「你別來」的綽號呢？

**珍松** 看來老師被改姓成「你」名「別來」了呢。但那些人畢竟天天都會見到，也不能當作是在敷衍只有幾面之緣的人，像「我有結婚，但老公已逝，孩子們在國外生活」那套說詞就行不通了。

**愛順** 畢竟我在醫院待了蠻長一段時間，大家也自然而然知道我單身，中間也曾有電視台的製作人跟編劇作家一起跑來採訪我，其他人看到那個男製作人還問說那是不是我兒子，我哪能隨便半路亂認別人兒子？所以就老實回答他們了。

**珍松** 大家原本還在咒罵著那個根本不存在的媳婦，聽到您揭曉事實後應該都很吃驚才對吧？

**愛順** 他們只有在我面前瞪大雙眼，倒是沒說什麼別的。不曉得耶，他們搞不好是覺得自己的家人很無趣，所以才會開始聊起隔壁床的人怎麼會沒結婚吧？

**珍松** 老人家們要是知道您有上過電視肯定會非常高興，您就應該讓他們看看您上的節目啊，「我可是這麼有名的人耶！想不想跟我要個簽名？」

**愛順** 唉呦，萬萬不可。

**珍松** 那您住院期間過得怎麼樣呢？老師不是最受不了很悶，限制又很多的地方嗎？

**愛順** 在綜合醫院動手術後最久就只能住一個月，但因為家裡也沒有人能照顧我，所以院方就建議我去療養院。後來我大概在那裡待了一個月左右，每天都五點吃晚餐，九點熄燈就寢，實在是苦不堪言。

**珍松** 是否讓您回想起修女院那段回憶了呢？（笑）

**愛順** 我真的沒料過還會再體驗一次那種生活，時間怎麼就這麼不知不覺地流逝了呢？我在白天會陷入一種沉思狀態，也會把時間拿來睡午覺跟閱讀書籍……但是因為住在多人病房，比較不容易聚精會神，更多時候只是在擺出一副看書的樣子而已（笑），最大的樂趣應該是看YouTube吧？

**珍松** 啊，因為病房裡只有一台電視，若能透過YouTube那種平台收看影片的話也很不錯呢。

**愛順** 上了年紀的人其實不太懂要怎麼看YouTube，要是加入搶電視頻道大戰卻搶不贏其他人，沒辦法看到自己想看的節目，那該有多氣啊。而且我也無意參戰，只要看YouTube就能看到自己想看的節目多好啊，我主要都是看一些跟時事有關的內容。

**珍松** 最近有不少人提出這個建議，就算我們沒有嚴重到需要住院，但在需要恢復健康的時候，也就是說當身體不舒服到「一定程度」時，希望能有類似產後護理中心這種提供給一人家庭入住的設施，也許並沒有像醫院那麼完善，但足以讓人進行靜養。

**愛順** 是啊，與年齡無關，如果有那種可以讓輕症病患短期休息的地方該有多好。其實我之前住的那家療養院有很多老人家，我甚至是我那間病房裡年紀最輕的。目前確實很需要那種不看年齡、可以提供簡單治療，讓大家恢復健康的地方，畢竟我們都是孤家寡人啊。

**珍松** 能讓大家聚在一起的空間不也同時扮演著社區的角色嗎？以我奶奶的情況來說，她有時候會只是為了找人講話而去醫院做檢查，因為覺得很孤單的關係，就算沒有生什麼大病，也很常選擇多人病房入住。在那裡有人能陪她聊天，時常有人進進出出，不僅能跟大家一起看電視，也能一起享用零食，她很喜歡這麼做。我爸媽也很清楚這點，所以就都順著她的意……除了身體健康之外，也很需要像這種能照顧到心理層面的空間呢。

**愛順** 對我們這種不婚人士來說，真的很需要一個能輕鬆獲得安定、短暫與人群待在一起的空間。碰到身體不舒服的時候，就連簡單的家事也會變成很辛苦的勞力活，就連吃完飯要收拾都很累人，唉呦喂呀。像這部分實在是很需要拿國家補助來興建相關設施，讓大家能以低廉的價格使用，特別是以不婚人士來說，經濟狀況困難的比例明明比較高，卻拿不到什麼實質上的優惠。

**珍松** 老實說，年輕健康的時候對一切都感到無所畏懼，還以為一輩子都能過著那樣子的生活。

**愛順** 是啊，我也是那樣。原本以為只需要好好照顧自己就好，結果活著活著卻發現自己才是最難搞定的。

**珍松** 那您出院後是怎麼度過的呢？您的腿不是還沒完全康復嗎？

**愛順** 我因為都待在家裡，生活上倒是沒有什麼太大不便。現在只要透過網路下訂，不管什麼都能送貨到府，我很常訂一些小菜或簡餐之類的東西，生病的時候就得好好吃飯才行啊。但我想事先提醒大家，在有一定年紀之後，記得要挑那種有電梯的房子，不然就是要住在一樓。雖然健康的時候感受不到，但等你生病後，光是爬樓梯就很不容易啊。

**珍松** 可以透過網路買菜真的是太好了。最近對於那些有孩子的媽媽、病患、住在偏遠地區，離便利設施有好一段距離，比較難親自去採買的居民來說，網路購物配送確實是一項必須的服務啊。在《重新認識的日本，日本人》（다시 보는 일본，일본인）這本書中有提到這些因為物流機構或交通路網弱化，導致日常採買出現困難的人被稱為「採買弱勢」。目前日本因為日益邁向高齡化，不僅便利超商變得越來越少，就連大眾交通的班次也隨之減少，諸如此類的問題正趨於惡化之中。以我們國家的情況來說，除了首爾跟幾大首都圈外的地區，也很容易碰到這種問題，如果不會網路購物的話，真的是會陷入很兩難的情況。

**愛順** 畢竟我們是一個人生活，無論如何都得學會才行，其他人有孩子或孫子可以直接幫忙或教學，我們只能靠自己啊。我剛開始學習使用電子郵件的時候也是很常搞不清楚狀況，但現在已經沒什麼問題了。

**珍松** 我比較擔心的是，我們國家變化的速度非常迅速，目前國外都還有人會透過ATM機器裡存放鈔票，但我們國內卻已經連紙本存摺都不太使用了。我偶爾會覺得是不是因為這個社會把那些跟不上變化速度的人排除在外，才得以進步得這麼快？這點讓我感到有些不安。光是以我爸媽來說，他們在網路上下單買東西時，只要出現什麼錯誤或是看到有視窗跳出就會不知道該如何處理，一定得找我或我妹妹幫忙才行。那麼那些最需要網路配送或計程車APP叫車服務的人，在使用上會不會反而碰到更大的困難呢？雖然我現在還有辦法馬上熟悉新推出的服務，但往後會不會也像我父母一樣，在面對「簡單易用」的事物時也感到一片茫然？到時應該沒有孩子能幫我才對，那我有能耐跟上這個瞬息萬變的世界嗎？一邊看著日本採買歷史的舉例，一邊想著這最終將會成為我們的未來，我認為這是不婚的一人家庭肯定會面臨到的問題。

**愛順** 即便技術日新月異，但對那些不懂該如何活用的人形同是畫餅充飢。所以最近有些地方有提供教導老人家使用智慧型手機或電腦的服務，希望這個社會往後能提供更多元的支援。

## ・鄰里之間的紐帶關係

**人數也不需要太多，找個兩、三人好好相處，不僅能互相照料，還能發揮安全網的效力。**

**珍松** 老師您是個很愛家人的人，也講述了很多以家人為中心的故事，不是嗎？另一方面還組織了像同心會那種只屬於不婚人士的團體。不過最近脫離家庭過日子的人口也很多，比起對於家庭的責任感，更想追求自己獨立生活的人正日益增加，親身體驗過這兩種不同共同體的您，覺得各自有哪些優缺點呢？

**愛順** 如果想在這世上好好過日子的話，家人就得按照家人的方式好好照顧才行。也許很難親自去拜訪那些遠親，但親兄弟姊妹、堂表兄弟姊妹跟姪子、外甥這些關係都得好好維持才行。

**珍松** 範圍比我想像中還來得更廣耶，我還以為只要顧好直系家屬或兄弟姊妹就夠了。

**愛順** 那些親緣比較相近的親戚還是得維持好紐帶關係才行。不過對於一個人住的人來說，如果能跟鄰居友好相處的話，這種鄰里關係會比遠親來得更好。我之前曾經有一次突然整個人往後摔，後腦勺腫得跟拳頭一樣大，當時大半夜的連醫院都去不了。

**珍松** 天啊，是在浴室跌倒嗎？

**愛順** 對，在我家廁所。洗完臉後打算回房，卻踩空滑了一跤，當時住在我家樓下的大嬸馬上就來我家幫忙，不僅讓我躺在她的床上休息，還整晚幫我冷敷，真的給了我很大慰藉……所以得保持敦親睦鄰的關係才行。人數也不需要太多，找個兩、三人好好相處，不僅能互相照料，還能發揮安全網的效力。比方說街坊鄰居要是看到老人獨居的家門口有堆積如山的牛奶或報紙的話，就能趕快打電話報警不是嗎？鄰里之間還是得熟悉一下比較好，這樣才能產生感情，進而互相照顧啊。

**珍松** 老實說，截至目前為止我還沒感受到鄰居有幫上忙的時候，反倒是那些獨自生活的朋友們都拚了命地盡可能不要留下太多痕跡，就怕被其他人發現自己一個人住。如果碰到跟其他人共乘同一部電梯的情況，甚至還會刻意在其他樓層下樓。

**愛順** 因為現在這個世道太險惡了……要碰到好鄰居確實很需要運氣，這也是種福氣，要是遇人不淑，對方搞不好還會跑去大街小巷宣傳你沒結婚的事呢。

**珍松** 乾脆找群好朋友住在一起，成為彼此鄰居的做法會不會比較好？

**愛順** 如果有辦法達成的話，當然是個很理想又幸福的做法啊，我也一直都很希望那麼做。但就現實層面來說，實踐起來真的很不容易。

**珍松** 也對，畢竟目前這環境並不允許大家待在符合自己需求的地方，以自己追求的生活型態過日子，更何況房價也貴到不行……學生時期大家都住在學校附近，但隨著時間流逝，周遭的變數也變得越來越多了。

**愛順** 隨著年紀增長，大家也離得越來越遠，就算想約在外面用餐，也得先成功見到面才行，所以真的很需要碰到合得來的鄰居。我也不是有什麼太過分的奢求，只要住處附近有兩、三名可以在我想出外用餐時一起奉陪的人就已足夠。有個能在吃完晚餐，穿雙拖鞋出門陪你閒聊的朋友該有多棒啊？同時也能為日常生活注入很大的活力，只不過實在是知音難尋。

**珍松** 能有個住在同社區的朋友真的很棒，我可以感受到您對此也很迫切，只不過就現實層面來說，確實有難度。

**愛順** 我有多迫不得已才會叫我朋友搬到我的住處附近啊，到頭來我們都只會叫對方搬過來，雙方其實都很難離開自己生活的據點。

**珍松** 雖然有朋友陪當然是最好的，但要是不容易做到的話，那就試著跟鄰居維持恰當且舒適的關係吧，我明白您的意思了。其實我私下很喜歡做一些簡單的小菜，所以偶爾會碰到不小心做太多很困擾的情況，每當這種時候我就會想，要是有個能一起分著吃的人或鄰居的話就太好了，或是想吃西瓜的時候也是……以前我曾經看到新聞報導說住在套房區的人會一起點外送，然後再各拿各的回家。雖然這只是一種透過智慧型手機以匿名方式聯絡、目的在於分享食物的關係，或許稍嫌片面短暫，但在見面時卻也能確認彼此是否安全，搞不好大家能藉由這個機會成為另類鄰居也說不定，越講越覺得我們真的很需要不婚村這種居住空間呢。

## ・在電視上看到「不婚」話題的時候

**若採用不婚人士作為家庭電視劇的主角，也不外乎是個很新鮮的嘗試呢，應該也有助於改善不婚形象。**

**珍松** 以結婚作為基本價值的這個世道，無論是在電視劇或電影裡，女性只要到了某個年齡層就只會以「媽媽」、「妻子」或「奶奶」的角色出現。這就形同抹去了不婚女性的存在，根本不打算展現這些人的生活一樣。而您在國中時期看的那部電影裡的律師角色對您的人生方向有所啟發，顯示了媒體的影響力其實相當巨大，所以我在這裡有幾個問題想要問您。不曉得您是否有想在媒體上看到哪種類型的不婚角色呢？若您的故事被改編成電視劇的話，很好奇您想要講述哪些部分。

**愛順** 不婚人士在這個社會裡承受的視線並不友善，因此我很想看到這群人不輕易屈服，抬頭挺胸過日子的模樣，希望是魅力十足的角色，好讓選擇不婚的女性能出現「得像她們一樣生活才行」的念頭。另外，我也想看到不婚人士聚在一起過得很好的畫面，很希望這種樣貌能盡量在大眾媒體上曝光，特別是比起結婚人士過得還要更有意思，更享受生活的樣子。

**珍松** 雖然媒體上不乏職業女性跟不結婚自己一個人住的角色，但其實都是採用既定的同一套模式不是嗎？起初是因為自卑心態作祟或傷痛才結不了婚，到頭來大家還是會以結婚收場。如果以老師的故事為主題改編成電視劇或電影的話，您有特別想強調哪個部分嗎？「加油！金愛順」這種風格好像會很有意思呢。（笑）

**愛順** 曾經有某個電視台提議要將我的生活拍攝成紀錄片，但其實我就只是個平凡無奇的人啊。如果我今天在過著不婚生活的狀態下，因為做了別人沒做的事而獲得了高聲譽的話，那我早就點頭同意了，但事實並不是這麼回事。簡單來說，我現在就是「毫無素材」可言，過著與一般人無異的生活，真要說有哪裡不同的話，大概就是我比大家稍微自由一點吧？雖然我有在當志工，但那其實也沒什麼特別，所以我就謝絕對方的好意了。

**珍松** 看來「特別」這個詞的定義是因人而異，老師您在我眼裡就是個再特別不過的人。

**愛順** 是嗎？不久前《京鄉新聞》（경향신문）曾邀請我參加「受困於照護勞動的單身生活」的專題採訪，甚至還介紹了其他不婚人士給我認識。即便有其他兄弟姊妹，大家也還是傾向將照護勞動這類型的工作推到沒結婚的人身上。針對這點，那些人可是比我更侃侃而談呢，所以我最近很常思考這個問題。對於父母來說，可能會認為沒有結婚的孩子仍舊處於自己的羽翼之下，而比起兒子，父母又更偏好與女兒住在一起，最近真的有很多不婚人士為此苦惱啊。

**珍松** 也就是說，您希望媒體能喚醒民眾意識到大家傾向將照護工作推給不婚人士負責的這個問題點。

**愛順** 希望有電視劇作品願意講述到這種狀況。另一方面，不婚子女之所以會扛下照護工作，其實也是認為這麼做是對父母好，想對父母克盡孝道，希望劇情也能對這部分有所著墨。

**珍松** 如果是出於本人意願，當然就是能感受到幸福的好事，但若只是因為沒結婚的原因，就將事情單方面地推到對方身上，並形成強迫的話，那就會成為問題癥結。

**愛順** 雖然我因為覺得自己沒什麼特點而拒絕了紀錄片的邀約，但是卻認為似乎有必要在媒體上談論到不婚人士承擔照護勞動的生活模式。看是要批評大家把照護工作都推到一個人身上的現象，或是展現出不婚人士跟父母一直維持著親密關係、好好過日子的幸福樣貌，這些應該都挺有意思的，畢竟我之前從來沒看過有人這麼做過。

**珍松** 您是指不婚人士跟原生家庭幸福過日子的樣貌對吧？就像每天晚上播出的那種電視劇裡的氛圍，那個時段因為有著一定數量的忠實觀眾，所以作品收視率都很不錯，應該也有助於改善不婚形象吧？採用不婚人士作為家庭電視劇的主角也不外乎是個很新鮮的嘗試呢。

**愛順** 重要的是引發共鳴，要能對普羅大眾形成一股號召力，我認為這也是一種改變大家對不婚偏見的辦法。看是要展現出既多變又積極正向的模樣，還是要流露出較傳統的一面，抑或是強調獨立的面貌都好，我們要的不是那種「連婚都結不了」的那種感覺。只要一提到不婚，民眾就會聯想到自私、冷靜或遭到孤立……不婚人士的這種形象很強烈啊，但不婚人士事實上也很愛家，那些願意尊重家人選擇不婚的家庭，關係其實也很和睦，我認為也得適度展現出這一面才行。這樣一來，如果家中有人想選擇不婚時，就不需要瞎操心或擔心他們會因為社會偏見而遭受到大眾指責。

**珍松** 不婚主義者或沒結婚的女性總是會以家中的出氣筒，或者老是跟家人產生矛盾的角色登場，因此我覺得老師您提出的方向好像也很不錯。我倒是很想建立一個沒有結婚這種概念的世界觀，我不是指那種天馬行空的幻想，而是一切都採用跟現實一樣的設定，但就是沒有結婚這種想法跟單字，甚至連婚姻制度也不存在的世界。

**愛順** 這就是天馬行空啊。

**珍松** 那請允許我問個更天馬行空的問題吧。如果讓您在跟目前相同的環境下再過一次不婚生活的話，您有什麼想嘗試的事情或從事的行業嗎？舉例來說，您以前不是曾經想當過警察，卻因為當時的女性錄取率太低而沒有順利走上那條路嗎？

**愛順** 我還蠻想當軍人的，就是去念士軍官校成為職業軍人那種，雖然確實也想過要成為警察，但其實就只是想為了國家服務而已。

**珍松** 真不愧是是八字帶有官祿的人呢。（笑）

**愛順** 大概就是因為命帶官祿才會成為公務員，還當上國會秘書官吧。

**珍松** 不過您是有什麼特別的理由才想成為軍人嗎？是因為喜歡軍旅生活，還是想要保家衛國？

**愛順** 大家不都說海軍陸戰隊的訓練很辛苦嗎？那軍旅生活該有多累人啊，不僅得接受訓練，就連內務生活也得受到控管，但畢竟我這段時間已經享受過自由，所以反倒有點想嘗試一下那種生活。

**珍松** 您這是在懲罰自己嗎？（笑）

**愛順** 想體驗一下被牢牢拴住的生活，畢竟從來沒有人敢對我施壓，我已經享受過自由了啊。

**珍松** 但您之前在修女院不是就體驗過了嗎？

**愛順** 說得也是，我怎麼會沒想到呢？（笑）一考慮到沒有自由這一點，看來我沒去當軍人還真是對的。

## ・需要先離開原生家庭進行獨立

**「若是不結婚」就能繼續跟父母一起住，看到大家有這種想法，不禁讓我心想，大部分的人即便選擇不結婚，也很缺乏需要從原生家庭中獨立的意識呢。**

**珍松** 我們再針對將照護勞動交給沒有結婚的人來處理這部分來聊聊吧？不久前《京鄉新聞》曾報導過家中的非婚子女總是會負責承擔扶養或看護等責任，我想很多沒結婚的女性肯定也深表同感。在目前這個社會中，只要沒有結婚就很難被視為是已經「獨立」的存在。我認為大家之所以會產生這種聯想，其中的原因之一正是住居問題，因為我們很難僅憑藉自己的經濟能力進行獨立。而且站在大多數父母的立場來說，他們也會認為得等子女結婚有家庭後，才能在購屋這方面提供幫助。我認為應該要先跟家人分開住才能在情感層面上有所獨立，要不然比起獨立個體，反而會被當作是從屬於父母的「女兒」。

**愛順** 畢竟我聽過很多父母談論這件事，那我就先站在他們的立場來聊一下。其實不婚子女跟父母同住這件事對他們來說也是很大的負擔，很多父母都不斷哀號著很辛苦啊，孩子都那麼大了，竟然還得忙著幫忙準備飯菜，甚至還要協助善後，實在是太累了。

**珍松** 若能讓子女在經過既定的通過儀禮[6]後就直接離家的話，應該會很不錯。最近國外也出現因為就業困難，孩子跟父母同住的時間變得越來越長的情況。

**愛順** 聽說最近在日本，光是三十五歲以上的中年人，跟父母一起生活的人數就高達三百萬呢。（根據二〇一〇年日本總務省的公開資料。）

**珍松** 最近在婚後繼續跟父母同居的夫妻也有越來越多的趨勢，因為住居問題的關係，就連住居型態也跟過去呈現背道而馳的狀態。

**愛順** 有些人會在父母家附近找棟房子，這樣也能順便依賴父母一同分擔育兒跟家事的勞動活，這種人不是被稱作新袋鼠族（婚後因經濟上的原因跟父母同住的人）嗎？我朋友只要一碰到子女帶孫子孫女回家的時候就覺得心煩意亂，巴不得他們趕快回家去，如果孩子都已經長大成人了卻還需要幫忙的話，看來父母確實也是備感壓力啊。

**珍松** 這麼說的話，最近大家大概都只生一、兩個孩子而已，所以也看到很多捨不得對子女放手的父母，他們會想辦法盡可能跟子女更長時間地住在一起。雖然以下這種狀況只是少數，但其實也有會勸孩子「不要結婚比較好」或「乾脆就繼續跟我們一起住吧」的父母呢。曾經有個藝人在節目上表示，希望自己的女兒不要結婚，以後就花自己的錢過日子就好，「若不結婚」就能繼續跟父母一起住。看到大家有這種想法不禁讓我心想，大部分的人即便選擇不結婚也很缺乏需要從原生家庭中獨立的意識呢。

---

6 譯注：表示人從生命中的一個階段進入另一階段的過程，包括出生、成年、結婚和死亡等四個階段。

## ・選擇跟自己一起過日子的存在

我曾經養過小狗，是我姊姊帶回來的馬爾濟斯，名字叫「甜甜」，今年已經九歲了，是個既可愛又搞笑的小傢伙。甜甜原本由姊姊跟我一起負責飼養，但是因為我們倆都得上班，導致家裡空無一人的時間越來越長，最後只好將甜甜送到外縣市的父母家。因為我們的關係，害甜甜得不時往返於首爾與昌原，實在對牠相當抱歉。

我還有辦法跟甜甜一起生活嗎？這對工作時間不規律的我來說，簡直就是遙不可及的夢想。雖然甜甜真的好可愛，也好討人喜歡，但我實在無法讓牠長時間獨自待在為了人類設計的空間，並且苦苦等著我回家。

選擇不結婚的人並不見得都是一人家庭，也有可能跟其他人或其他存在一

起生活，但飼養寵物這件事卻總會被視為婚前不夠成熟或感到自卑的行為。婚後因為無法跟另一半達成共識，進而棄養寵物的飼主也是大有人在，有些配偶甚至會要求對方在寵物跟自己之中擇一，到頭來鬧到分道揚鑣的情況也是不在少數。目前這個社會比起動物更重視人類，甚至優先保護可以進行重複生產的「正常家庭」，因此女性若將經歷跟資源都投入在動物身上的話，就很容易成為他人指責的對象。演員鮮于善（선우선）在二〇一六年參加MBC電視台《我獨自生活》時曾公開她養了十幾隻貓的日常生活，當時她媽媽就曾在節目中逼問她為什麼要那麼寵愛貓咪，怎麼不乾脆趕快去找個人結婚？

不婚的一人家庭選擇與動物同住的生活方式並沒有比較不好，在自己能力所及的範圍內，盡全力照顧跟自己一起過日子的存在，並不是「極端」、「搞怪」或「不懂事」的行為。那些付出的勞動、時間或提供的資源都是他們自己的事，往後不管那些人有沒有要結婚或是要不要為了配偶做出讓步等問題，都請大家保持安靜就好，不要那麼愛管閒事。

選擇不結婚並且跟疼愛的動物一起生活這件事雖然很吸引人，卻也是件讓人相當苦惱的事。以我的經驗來說，飼養動物這件事情光憑藉一己之力是有點困難的，因為只要我出現一些變數，就很有可能輕易地傷害到依賴我生存的動物。若沒有能力飼養好幾隻，也不能丟下唯一的那隻動物不管。目前我們所處的這個社會還沒有做好跟人類以外的存在一起生活的準備，但沒有結婚卻選擇跟其他存在共同過日子的情況卻已經是現在進行式。所以為了讓大家能跟想要的存在享有想要的生活方式，我們不僅需要推動動物健保，也得想辦法讓寵物登記制度變得更為完善才行。

在寵物登記制尚未具備完善系統之前，最大的問題就是沒辦法正確掌握寵物的數量，而大部分飼主也相當抗拒在寵物體內植入微型晶片，這點仍是相當難克服的難題，而且相關對策也還不夠理想及完善。若飼主不願意替寵物進行登記，那麼保險公司就無法確認保險對象的規模有多大，在無從預測起收益的情況下，到頭來保險制度的內容也只會變得空泛、虛有其表。再說，要是無法確切知道寵物數量，那等同於連最基本的統計也無法落實，更遑論是想讓動物健保變得更為普及。

據推估，目前跟寵物同居的人口約已達到一千萬人，而未能進行登記的不婚人士及寵物所受到的疏忽似乎並無二致，親身感受到這點的我，只能被苦澀感籠罩著。

## ・對於不婚的偏見，金愛順因為「嘗試過才明白」的領悟

### ・獨自一人生活，會隨著年齡增長感到孤單嗎？

**珍松** 這句話既是忠告，也是不婚人士聽到不想聽的一句話吧！

**愛順** 難道年輕的時候就不孤單嗎？大家似乎太輕易地將孤單這個詞賦予到任何情況。其實孤單也能區分成精神跟肉體的不同，我認為當人無法跟喜歡的對象進行情感交流的時候，在精神層面上就會感到孤獨不已，比方說被信賴的人背叛或遭到另一半跟子女冷落這種因為關係而產生失落感的情況。但是對我這種人而言，我基本上不會對其他人抱有這種期待，因此精神上反倒不太會感到孤寂。

另外，當你生病的期間，卻因為孤單一人連頓飯都不能好好吃的時候，肉體上的孤獨感就會油然而生。

**珍松** 當我聽到肉體上的孤獨這種說法時，反倒聯想到性生活方面的問題，原來不是這麼回事啊。不曉得您是否有出現過想要被愛的念頭呢？

**愛順** 我沒有那麼想過耶，是因為我這個人的主觀意識太強烈了嗎？（笑）我不喜歡依賴別人，一路以來都是靠自己獨立解決所有事情，當我愛上某人時，如果也能受到對方疼愛的話，那當然是彌足珍貴啊……只不過我打從一開始就不曾愛過別人。

**珍松** 不過碰到那些稱讚自己漂亮、帥氣的人，對於提升自尊心或保持情緒穩定不是會很有幫助嗎？

**愛順** 那種感情好像在年輕時會比較容易感受到，難不成大家都會認為愛是給予而非獲得嗎？再說，難道彼此相愛就不會感到孤獨嗎？聽說最會讓人感到孤寂的就是戀人或配偶呢。

**珍松** 孤單並不是能靠談戀愛或結婚這種方式就能解決的問題，對吧？這點我也同意。我認為人在出生之後就得承擔一人份的孤獨，這是宿命來著，沒有辦法完全將其排解掉。可是有些人為了強行排除掉孤獨這種情緒，傾向在一段關係中將他人當成道具利用，或是因此迷失盧自我。

**愛順** 只有那些害怕孤獨的人才會覺得這是負面的情感，我倒是不以為意。

### ・女人得要歷經結婚生子才能明白為人母的心情，也才能成為真正的大人嗎？

**珍松** 媽媽們最愛講的一句話就是：「你就得生個像你一樣的女兒才會清醒。」

**愛順** 看來大家小時候都讓父母很操心呢，我就從沒聽我媽說過這種話。

**珍松** 唉呦，這句話可是老生常談的經典嘮叨耶。

**愛順** 生孩子不是人類所能遭遇到的肉體疼痛中強度最大的嗎？以前孕婦生小孩前，都會看著脫下來的鞋子喃喃自語道：「我還能穿上這雙鞋嗎？」總是以一種既擔心又悲壯的情緒被推進產房，所以媽媽們就會覺得女兒理應親自體會過這種疼痛，才能明白她們的苦口婆心……但我自己覺得不能把這當作是成為大人的一種儀式。

**珍松** 以另一個角度來說，為了成為大人這個目的而強迫女性去經歷這麼危險的事也太奇怪了吧？那沒辦法生兒育女的男人不就一輩子都無法成為大人了嗎？只有女人才擁有生育能力，那麼只有女人才算是大人嗎？如果硬是要將生產跟成為大人這兩件事綁在一起，那我寧願選擇不去體會生產的痛苦，拒絕成為大人，就算不成為大人也沒什麼大不了的。老師您不也透過跟養女的關係感受到了母性嗎？我認為該是時候讓大眾針對社會性母性進行討論，畢竟現在大家得面對獨自育兒的問題，確實很需要社會性育兒這部分的幫助。

**愛順** 其實我特別喜歡小孩子，雖然我沒有信心能自己生下孩子並將其養育成人，但我對於這些國家未來的棟梁可是關心到連自己都嚇一跳的程度。我在辭掉工作後還會去小學幫忙低年級的學生們進行課後輔導呢，目前也在兒童博物館接待三歲以下兒童的空間當志工。雖然身體很勞累，卻也能很愉快地感受到這一切都是價值連城，因此感到相當幸福。就算喜歡小孩子，也不代表非得親自生育才能付出真愛好嗎？

**珍松** 我雖然也喜歡小孩子，卻不太會主動提起這件事，要不然人們肯定會對我嘮叨說「那你為什麼不結婚」，一副要我趕快結婚生孩子的意思。

**愛順** 唉呦，我也老是聽別人這麼對我說，難道喜歡吃地瓜就得自己種嗎？

**珍松** 然後這些人面對不喜歡孩子的人又會改口表示，只要結婚生子後，想法肯定就會有所改變。

**愛順** 總之就是不管怎麼樣都要結婚的意思啦，最近有個詞是在形容這種情況，叫什麼去了……

**珍松** 您是指「答定你」嗎？答案都已經決定好了，你只要回答就好，這是在形容那種只希望對方講出既定結論的態度。

**愛順** 沒錯，我們國家對於結婚這件事真的就是「答定你」，我有時候會因為沒結婚生子的關係被其他人當成小孩子對待，每當這種時候我就會這麼反問大家：「那請問成為大人後有多幸福多快樂呢？」

## ・不結婚就叫自私？

**珍松** 因為低出生率的問題越來越嚴重，所以才會有人認為不結婚是很自私的行為，而不婚人士也就自然而然成為眾矢之的。

**愛順** 不過選擇不結婚的人確實是比較自私啦。

**珍松** 天啊……竟然出現這種反轉，您要考慮到我們這本書的涵義啊！（笑）

**愛順** 首先我也是為了圖個輕鬆才會選擇不結婚、決定不生孩子的啊，希望自己能過得更自由自在一點。

**珍松** 看來大家對於自私這個評價也是各有定論。

**愛順** 因為這個問題牽涉到自私的基準為何，畢竟無論是誰都會優先將自己的情況納入考量。如果我今天是因為一己之便而選擇不結婚呢？那我這麼做有傷害到別人嗎？更何況在已婚人士當中，自私的人可是多得很呢，不管是在物質或精神層面上都是如此。因為對教養子女的野心過大，導致對他們的意見置若罔聞，但像我老早就拋棄掉這種欲望，所以肯定是沒有那些人來得自私啊。

**珍松** 「是不是因為你很清楚結婚生子是種犧牲，所以才會說我們自私？」只要像這樣回答那些認為不結婚就形同自私的人就行了吧？就算結婚跟生子真有那麼好，也不能因此指責沒結婚的人「自私」啊。

**愛順** 不要替別人決定要不要結婚，而是要為自己的幸福做出選擇才行。

**珍松** 「怎樣？我就是自私啊！」得用這種酷一點的方式克服才行。

## ・嚷嚷著不結婚的人反而更早結？

**珍松** 不過老師您並沒有說過自己不結婚這種話，只是一路以來都是以不婚的身分過日子，那您應該很少有機會聽到這種話吧？反倒是我從小就一直被其他大人取笑說我以後肯定會是最早嫁人的那個。

**愛順** 因為那些出一張嘴的人通常都光說不練。大概是基於這種邏輯，所以普羅大眾才會認為嘴上說著不結婚的人肯定會搶著步入婚姻吧？但我可是在心裡下定決心後，很努力地在自我實踐呢。

**珍松** 每當聽到別人這麼說的時候，我都會想說老師您不就是個活證人嗎？接著就會秀出您的採訪或照片給那些人看，YouTube上的影片也是個不錯的選擇。

**愛順** 聽說那些影片還挺受歡迎的呢。

**珍松** 簡直就是造成了爆發性的迴響啊。

**愛順** 嚷嚷著不結婚的人反而更早結？看看我，這句話剛好講反了啊。

## ・是因為不受異性青睞才結不了婚？

**珍松** 認為不婚人士是因為沒有異性緣才會不結婚的人真的是不計其數，類似「是因為結不了婚才假裝自己不結啦」這種說法，實在是有夠煩人。

**愛順** 我倒是沒聽說過這種話呢，反而最常聽到別人說我又沒有哪裡不好，那為什麼不趕快結婚？甚至還會說我周遭的男人肯定是有眼無珠。雖然我並不曉得大家內心是怎麼想的，但我沒聽過因為不受異性歡迎才結不了婚這種說法。這種話就算要講，應該也會趁當事人不在場的時候講吧？如果是會當著別人面講出這種話的人，那就別再跟這種人有來往了。

**珍松** 最近有個說法是這樣的，有人將戀愛跟能力這兩者扯上關係，並認為這些跟所謂的自我開發也有所關聯。這個觀點對您來說應該有些陌生才是，但從二〇〇〇年代初期開始，認為努力進行自我管理就能順利談戀愛的文化可說是越來越蓬勃發展。結果戀愛成了一種判斷個人能力的成績單，大喇喇地成為他人拿來加以嘲諷的笑柄。

不久之前，我針對美國的「約炮」文化進行過分析，類比我國的情況來說，大概就跟所謂的獵豔行為差不多。我這才發現，最近美國十幾歲的孩子最害怕的竟然是被人認為自己對異性感到「迫切」，擔心自己會因為沒有異性緣，而被他人誤認為其實自己在苦苦等待著異性對她們產生興趣。這種現象主要出現在十幾二十歲的青少年之間的戀愛時期，但等她們到適婚年齡後，就會上綱到結婚問題了，到時別人可能會出現「你是因為沒有魅力，自我管理做得不夠好才會結不了婚」諸如此類的偏見。

**愛順** 不是有句俚語說「就連草鞋也有另一半」嗎？意思就是不管再怎麼不起眼也能找到另一半，所以並不是你不受歡迎，而是你還沒能找到或是根本連找都不想找而已，只不過是緣分還沒到的意思。

**珍松** 原來老師您是個浪漫主義者呢，但我反而是這麼想的：「人類並不是草鞋」，「草鞋打從一開始就是成雙成對，但人類卻是孑然一身地出生。」

**愛順** 不想結婚的人不管再怎麼不想找對象都不成問題，再說，我為什麼非得找到另一半不可呢？除了這件事之外，需要我做的事情可是堆積如山呢。不過也有些人即便下定決心不要結婚，卻栽在對方的苦苦追求下而步入婚姻，總之「因為不受異性歡迎」本身就是句非常失禮的話，曾經講過這句話的人，現在是不是覺得一箭穿心呢？

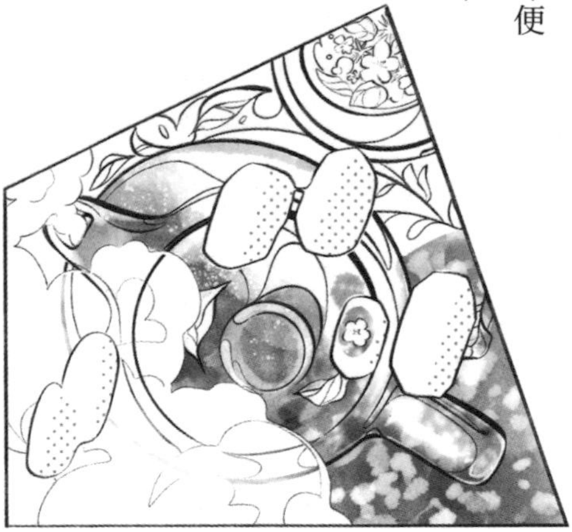

## 結語
# 李珍松的話

如果出版了這類書籍就無可避免地會被賦予一種代表性，雖然這是身為少數族群的宿命，但我並沒有辦法代表任何人及任何事。不，更準確地來說，我不想成為代言人。之前接獲出版社的提議，希望我能記錄下不婚女性的一天時，大概害我不吃不喝了大半天，那些在學生時期為了完成日記、拚命絞盡腦汁想擠出什麼寫下來的人肯定很能感同身受。因此我決定試著記錄別的東西，希望能讓讀者就像在觀看《動物農場》（동물농장）般，感受到「原來也有過著這種生活的人啊」，不對，《動物農場》裡充斥著那麼多可愛討喜的動物，我可不能拿自己跟這節目比較啊，但無論如何都希望各位就算有些不情願，也能以一種托著下巴的姿態閱讀我們這本作品。

我生於一九八八年的慶尚道，爸爸是家中長男，當時因為人口政策及重男輕女的緣故，導致父母在確定孩子性別後選擇墮胎（性別滅絕）的情況突然變得相當嚴重。而在那之中，一九八六年屬虎、一九八八年屬龍以及一九九〇年屬馬的孩子更因「倔強難搞」這種荒謬理由成為性別墮胎的首要目標，也因此導致這幾年新生兒的性別比例落差相當劇烈。在這種情況下誕生的女性成長到可以結婚生子的年紀後，這個社會卻出現了低出生率的問題。不婚人口，特別是女性，不僅被大眾視為是造成這種現象的根本原因，甚至還被指稱為元凶，狠狠地被攻擊了一頓。在我們母親那代曾一度剝奪女性懷孕自由，勸導大家祕密進行墮胎的這個國家，現在又將矛頭指向女兒這代。不僅墮胎會遭到懲罰，就連不想懷孕的自由都遭到剝奪。曾在一九九〇年成立獨身主義者團體的金愛順老師，當時雖然獲得了愛國人士禮遇，但如今二〇一八年的不婚女性卻成了大逆不道的罪人。「你自己犯了什麼罪過應該心知肚明才對！」但對於那些根本不存在的罪過，我們不需要為此挨罵才對。

目前我們所處的這個社會只認同異性戀與結婚—生子—育兒的結合，除此之外的其他可能性不僅被排除在外，甚至還遭遇嚴重的差別待遇，可以說是非常大的阻礙。因此既不結婚也不生兒育女的人，自然而然地被視為自私主義者，就像

是以卵擊石一樣，成了人神共憤的對象。幸好雞蛋並不是只有一個，感到疲倦時也可以稍事休息，幫彼此按摩一下肩膀，再交棒給下一位。一些有意思的企劃或好文分享也算是雞蛋的其中一種，若有人不曉得該去哪閱讀不婚主義或女性相關的內容，推薦各位不妨去看看《Pinch》這個女性主義媒體。由尹怡那（윤어나）作家所執筆連載的〈適合不婚的日子〉（비혼하기 좋은 날），其一系列的文章都讓我看得津津有味。平時我會定期在女性團體舉辦跟不婚有關的論壇或演講，這些活動都需要將發表資料傳到官網頁面或是整理成大綱傳至社群媒體，而這些內容著實幫了我大忙。舉例來說，像之前在女性民友會舉辦的「試想照護責任連帶制：處於恐懼及茫然之間，得負責照護雙親的不婚女兒」這類討論主題，其實這個問題我也是到了最近才認知到，因此也成了讓我得以整理思緒並多做思考的大好機會。

而我丟出的其中一個雞蛋就是不久前發行的獨立雜誌《單身季刊》第十三號，《單身季刊》一年發刊兩次，從企劃、製作、販售至書局鋪貨等所有作業都由我獨力進行。雖然裡頭的文章主要是以筆者們的投稿為主，但也有我撰寫的文章。這五年來，我在這本刊物上傾注的心思、時間及熱情，可以說是比我對待歷任男友都還要來得更多，真的是集我的「血、汗、淚」之大成。過去伊莉莎白一世曾表示自己與國家結了婚，那我這種程度應該也能說是與《單身季刊》結了婚吧，第十三號因為有太多跟不婚主題有關的投稿，所以我還乾脆做了附錄，希望有興趣的人都能閱讀看看。

不管是寫什麼內容，我都已經決定這輩子要與寫作共存，因此未來的計畫跟日常生活都是以此為重心下去進行安排，就算我的本行跟寫作無關也沒關係，畢竟要成為全職作家幾乎是不可能的任務，只要讓我在維持穩定生計下，還得以保有寫作力氣的話，那麼無論是從事哪一種行業都沒有問題。職業跟夢想是兩碼子事，沒有人能規定我要靠哪一行維生，真要說起來，這是我要奉獻出人生的事情，我只要在其他部分稍微做出一點取捨就不會有問題。雖然也有很多人能在結婚生子後繼續執筆寫文章，但我並不具備那種能耐，因此往後無論出現何種變數，我都決定不要結婚生子。

要維持一人份的生活其實也不是件易事，雖然偶爾也會碰到趕時間只能隨便吃吃的情況，但還是不能忘記要定期用美味的餐點來慰勞自己。眼見灰塵跟待洗衣物越積越多，頭髮明明也沒繳租金，卻掉個沒完占滿家中的各處空間，而我每天都處於既混亂又瘋狂的狀態，光是處理自己的事情時間就已經不夠用，一天一下子就過完了。其實我比起之前飼養小狗的時候還要來得更勤勞一點，但為什麼沒有了小狗的家，卻反而變得更亂了呢？這實在是太謎了……雖然我個人相當喜歡亂糟糟的狀態，但如果是別人弄亂的話，我就會大發脾氣，所以我果然還是適合一個人住吧。即便我朋友不多，但大家都很珍惜對方，並細心地照顧彼此。我跟這群口味跟興趣都很類似的朋友們已經在同一個社區打滾了十一年之久，我在這裡浪費著完全屬於自己的時間，用我喜歡的興趣填滿生活中的每一刻，而這就是讓我得以慢慢恢復枯竭能量的過程。

在體力跟資本都很充足的情況下，能夠擁有自由這件事是一種祝福，若是按照這種邏輯看來，不婚生活就是「我」跟自己最親近的「我」一起自由自在地過著每一天。只不過並不是所有人的日常生活都能保障足夠的體力及資本，你有可能在某一天會突然面臨生計上的困難，或是在社會上遭到其他人的排擠，也有可能得面臨負責照護某人的情況，或是自己變得需要他人照護也說不定。到時跟原生家庭或非傳統家庭分開生活的這些人，搞不好也會開始羨慕起因為結婚而綑綁在一起的堅固家人關係。

但是即便身處在這個形同天羅地網的環境之中，我仍舊不想被這股不安感束縛，因而裹足不前。因為我的監護人就是我自己，比起去在意世人的眼光或因他人而生的愧疚感，我應該要以自己的選擇為優先，我有義務要尊重自己，因此我決定將視線轉移至與我一起扔出雞蛋的人們以及那些複雜的麻煩事。對於跟不婚有關的討論主題，我將會不斷地揮舞著旗幟表示支持，並持續要求政府為了不婚人士制定新的政策及制度，同時也會針對結婚制度的狹隘標準提出質疑，希望幸運遇到好的另一半並順利組成家庭這件事不會成為生存的必須要件。無論你的身分為何，不管你是身處於哪種家族型態，都不該獲得差別待遇或受到排擠，我們需要打造出足夠的基礎設施，好讓大家都能健全地在這個社會上立足。

在認識了金愛順老師之後，就像是有一道光從門縫裡照射了進來，讓我感受到這種生活的可能性。那扇門打開了呢，而愛順老師緊接著走了進來……雖然不婚人生無論何時何地都存在著，但長時間以來卻一直遭到抹滅，彷彿看也看不到，就跟不存在沒什麼兩樣，因此也很容易被世人誤認為一種不可能的生活模式。老師是個極為出色的個體，她就像趙子龍一樣克服了所有惡劣條件，不斷地奔跑至今。在聆聽她故事的期間，我不時獻上掌聲，同時卻也感受到一絲惆悵。這個世界有著像老師這種存在，實在是讓人開心不已，但也不禁讓我想到那些沒有留下紀錄、就此煙消雲散的人生。在這個將不婚視為悲慘的世界上，困於此框架中試著想努力堅持，卻還是不斷被捲入其中的生活模式，也許是某個人的日復一日，抑或是某人的過去，也有可能仍舊是某個人的現在或未來，而我就這麼在腦中勾勒著這些情境。

每當不安的火苗被點燃時，我就會想起老師跟其他匿名人士。她們身處的時代所擁有的選擇比我們還要少上許多，但她們卻仍舊按照自己想要的生活模式在過日子，從「處女」變成「老處女」，接連被貼上「未婚」、「獨身」、「自私主義者」等標籤，擁有諸多稱呼的那些人。看著這一路上大家紛亂不已的足跡，我的現在及未來也有可能會成為某人翻找的參考資料。能找到一個同行的夥伴很好，但大家分頭各自走也不錯，不需要抱持著雄心壯志，也無須刻意顯眼，只要維持著自己的速度及方向就不會有問題了。

後記

# 金愛順的話

當了大半輩子的單身，以為我歌頌不婚的舉動會止步於二〇一五年所寫下的《單身們的天堂》那本書，結果現在卻因為這本作品躍升為不婚界的教母，似乎就此被作為榜樣的這個身分給束縛住。如今，就算有個白馬老紳士現身表示願意實現我的所有願望並試圖誘惑我，我好像也不能隨便上鉤的感覺了呢。

起初，當ＡＬＭＡ出版社邀請我出書時，我可是一口就回絕了。但後來他們又跑來向我提議，表示書的內容會以跟李珍松作家的訪談為主，也因為對方的態度向來積極，所以我就答應了。我有想過出書過程肯定會比我自己一個人寫書的時候還要複雜許多，也害怕最後的成果會因為無法達到雙方的理想標準而惴惴不安。「往後我就要跟一個才剛邁入三十歲、年紀都能當我孫女的人一起出書了耶，這該怎麼辦才好啊？」像這樣煩惱了很多。事實上也很擔心同是不婚人士的我們，想法會不會有很大落差，只不過小我那麼多歲的李珍松作家總是為了訪問而做好萬全準備，不遺餘力地對不婚生活進行描寫並加以分析，而她的這股熱情也連帶感動了我。這本書之所以能夠完成，大部分都得歸功於李珍松作家。

我年輕的時候，「不結婚」這個概念對我來說可謂相當模糊，只是大略知道一點方向而已。如今不只出現了「不婚」這個詞，甚至還討論出一套具體的方法論。相較之下，近幾年來大家對於結婚好像越來越興趣缺缺，跟不婚子女生活在同一屋簷下的父母們更可說是哀鴻遍野，而我們似乎就這麼成了人口稀少的原因，彷彿欠了這個國家跟社會一大筆債的感覺。在這本書中，我們並沒有對結婚強烈表示否定，也沒有拚命拿不婚的好處洗腦讀者，但我倒是很費盡心思地想讓大家知道我對自己的不婚人生不曾感到後悔，無論你是不是不婚人士，我都想告訴你，選擇不婚的人也有辦法過得很幸福。

雖然這本書已經比原先計劃好的還要更晚發行，卻還是沒能做到完美呢，這點讓我感到相當愧疚。而在這本書順利上市後，現在就只剩下做好心理準備，好讓自己能謙虛地面對來自各方讀者的評價了。

30
50
70

Diverge 002

# 為了幸福，我選擇不結婚：不婚女子相談室

하고 싶으면 하는 거지...비혼

作者　金愛順（김애순）、李珍松（이진송）
譯者　陳丰宜

---

堡壘文化有限公司
總 編 輯　簡欣彥
副總編輯　簡伯儒
責任編輯　張詠翔
行銷企劃　許凱棣、曾羽彤
封面設計　Ashi
內頁設計　Ashi
內頁排版　家思排版工作室

---

讀書共和國出版集團
社長　郭重興
發行人　曾大福
業務平台總經理　李雪麗
業務平台副總經理　李復民
實體暨網路通路組　林詩富、郭文弘、賴佩瑜、王文賓、周宥騰、范光杰
海外通路組　張鑫峰、林裴瑤
特販通路組　陳綺瑩、郭文龍
版權部　黃知涵
印務部　江域平、黃禮賢、李孟儒

---

出版　堡壘文化有限公司
發行　遠足文化事業股份有限公司
地址　231新北市新店區民權路108-2號9樓
電話　02-22181417
傳真　02-22188057
Email　service@bookrep.com.tw
郵撥帳號　19504465 遠足文化事業股份有限公司
客服專線　0800-221-029
網址　http://www.bookrep.com.tw
法律顧問　華洋法律事務所　蘇文生律師
印製　呈靖彩印有限公司
初版1刷　2023年4月
定價　新臺幣400元
EISBN　9786267240311（PDF）
EISBN　9786267240304（EPUB）


國家圖書館出版品預行編目（CIP）資料

---

為了幸福，我選擇不結婚：不婚女子相談室 / 金愛順，李珍松作；陳丰宜譯. -- 初版. -- 新北市：堡壘文化有限公司出版：遠足文化事業股份有限公司發行，2023.04
面；　公分
譯自：하고싶으면 하는거지...비혼
ISBN　978-626-7240-29-8（平裝）

1. CST: 獨身

544.386　　112001421